회계정보 100% 활용하기

회계정보 100% 활용하기

초판 1쇄 발행 2019년 9월 10일
초판 2쇄 발행 2021년 5월 25일

지은이 김경진
펴낸이 박기남
펴낸곳 율곡출판사

08590 서울시 금천구 가산디지털1로 84(에이스하이엔드 8차), 803호

전화 (代) 02) 718-9872
팩스 02) 718-9874
home-page www.yulgokbooks.co.kr
e-mail yulgokbook@naver.com
등록 1989.11.10. 제2014-000031호
ISBN 979-11-87897-73-6 03320

값 15,000원

※ 지은이와의 협의 하에 인지는 생략합니다.
※ 파본 및 잘못된 책은 구입하신 서점에서 바꾸어 드립니다.
※ 이 책의 무단 전재 또는 복제행위에 대해서는 저작권법 제136조에 의거
   5년 이하의 징역 또는 5,000만원 이하의 벌금에 처하게 됩니다.

회계정보 100% 활용하기

율곡출판사

Preface

필자의 회계 탐험은 대학교 1학년 때 회계원리를 수강하면서 시작되었다. 그 이후 중급회계, 고급회계, 원가회계, 관리회계, 세무회계를 공부하면서 회계를 깊이 있게 공부하였고, 회계를 공부하면 할수록 회계의 매력에 빠져들었다. 특히 CFA 시험을 준비하는 과정에서 IFRS 회계기준을 공부하면서 필자의 회계에 대한 안목이 더 넓어졌다. MBA 과정에서는 회계정보를 이용한 의사결정과 이와 관련한 비즈니스 케이스를 많이 접하면서 회계정보가 다양한 상황에서 다양한 목적으로 사용될 수 있음을 알았다.

필자는 회계에 흥미가 있었기 때문에 회계 공부를 하면서 회계가 어렵다고 느끼지 않았으나, 대다수의 직장인들은 회계를 매우 어려워한다. 그들은 회계가 회계팀의 업무이며, 전표처리가 그 업무의 전부라는 인식이 강하다. 암기할 것이 너무 많은 계정과목, 계정과목 간의 명칭의 유사성, 회계 용어의 어려움으로 인해 많은 직장인들이 회계가 어렵고 재미없는 분야라고 생각한다. 시중에 회계에 대한 다양한 서적이 나와 있으나, 상당수의 회계 서적들이 분개, 원장에 초점이 맞춰

져 있어 회계정보를 이용만 하는 실무와 동떨어져 있는 경우가 많다. 대다수의 직장인들은 회계팀에 근무하지 않기 때문에 분개, 원장, 시산표 같은 업무의 흐름에 대해서 굳이 알 필요가 없다. 그런데 이러한 내용들이 회계책의 상당 부분을 차지하고 있기 때문에 회계 공부를 하기로 마음먹은 독자들이 실무에 활용되지 않는 지식들을 학습하면서 흥미가 떨어지는 것이 우리 회계교육의 현실이다.

이 책은 회계에 대한 기초 지식이 전혀 없더라도, 회계정보 이용자의 관점에서 회계정보가 무엇이며 이를 어떻게 실무에 응용하고, 나아가 경영의사 결정에 어떻게 응용할 수 있는지 독자들에게 친절하게 사례를 통해 알려준다. 회계정보는 곧 재무제표이다. 이러한 재무제표가 어떻게 구성되어 있고, 재무제표들이 어떻게 유기적으로 연결되어 있는지 설명한다. 또한 재무회계 시스템을 이해하면 재무제표를 스스로 작성할 수 있는데, 이를 예제를 통해 직접 설명하여 독자의 이해를 높였다.

직장인들은 기업에서 재무회계뿐만 아니라 관리회계에 대한 내용도 자주 접한다. 대부분의 기업은 주주와 채권자를 비롯한 외부 정보 이용자에게는 재무회계 기준으로 회계정보를 제공한다. 그러나 기업의 관리 목적으로는 관리회계를 주로 사용한다. 독자들이 본부 단위 혹은 기업 단위의 내부 회의에 참석해서 보게 되는 손익은 대부분 관리회계 기준으로 작성된 손익이다. 관리회계는 재무회계와 달리 기업 내부인들이 해당 기업을 관리하기 위한 목적으로 만들었다. 관리회계 정보를 이용하여 본부나 사업의 성과 평가를 하고 이를 바탕으로 연말에 고과와 성과급을 결정한다.

이 책은 관리회계와 재무회계의 내용을 조합하여 이 책을 읽는 독자들이 어떻게 실제 업무에 활용하고 회계정보를 활용하여 의사결정을 하는지 다양한 사례를 통해 설명하고 있다. 특히 엑셀을 활용하여 추정재무제표를 작성하고, 이를 바탕으로 CVP(원가, 조업도, 이익) 분석을 실행하고 손익분기점 분석도 실행하여 실무에 즉각적으로 활용할 수 있도록 구성하였다.

1장에서는 회계에 대한 기본적인 내용을 배울 것이다. 2장에서는 손익계산서, 재무상태표, 현금흐름표에 대해서 배우고, 관리회계의 공헌이익에 대한 개념을 배울 것이다. 3장에서는 손익계산서, 재무상태표, 현금흐름표 간의 연결관계를 배우고, 엑셀을 활용하여 추정재무제표를 작성하는 연습을 할 것이다. 4장에서는 시장에 공표된 회계정보를 활용한 재무분석을 통해 기업을 분석하는 방법을 학습할 수 있다. 마지막으로 5장에서는 재무회계, 관리회계 정보를 활용하여 경영의사 결정을 하는 방법을 학습할 것이다.

이 책은 회계원리를 학습한 대학생, 회계를 처음 배우는 직장인, 회계지식은 풍부하지만 그 지식들이 실무에서 어떻게 활용되는지 잘 모르는 직장인, 가치평가를 배우고 싶은 학습자에게 적합하다. 이 책이 시중에 나온 회계 관련 책들과 구별되는 가장 큰 차이점은 엑셀을 활용하여 추정재무제표를 작성하고, 이를 바탕으로 CVP 분석, 손익분기점 분석, 목표값 찾기 등 경영의사 결정을 가상의 사례로 실습할 수 있다는 것이다. 기존 서적들은 회계정보 이론의 설명과 단순한 예제 풀이에 머물지만 이 책은 실무에서 이를 어떻게 구현하고 응용하는지에 초점을 맞춘 실무지향적 서적이라고 할 수 있다. 엑셀을 활용하여 추정재무제표를 작성하고 이를 활용하여 의사를 결정하는 방법이 책에 자세히 설명되어 있지만, 필자의 YouTube 채널에도 강의를 수록하여 학습자의 이해도를 더 높일 수 있도록 하였다. 이 책을 통해 회계에 대해서 흥미를 갖고 이를 실무에 어떻게 활용하는지 독자들이 알 수 있기를 희망한다.

율곡출판사의 방조일 편집장님의 노고와 박정헌 상무님의 관심이 없었더라면 이 책은 나올 수 없었다. 회계에 대해서 전혀 모르지만 원고가 완성되면 늘 원고를 읽고 조언을 아끼지 않은 아내 Suna Lee에게 무한한 고마움을 표시한다. 나의 아들로 태어나 준 윤재에게도 늘 고맙다. 하루에 대부분을 같이 보내는 용훈, 진아, 기택, 현에게도 고마움을 표시하고 그들이 원하는 것을 성취하기를 기원한다.

김경진

Contents

4   Preface

Chapter 1
회계 기본

12   **SECTION 1 회계의 종류**
13   재무회계
14   관리회계/원가회계
18   세무회계
22   **SECTION 2 회계를 왜 배우지?**
23   직장에서 인정받기
25   몸값 높이기
28   용돈벌기
31   기타 용도
34   **SECTION 3 어디까지 알아야 하나?**

Chapter 2
재무제표 이해하기

43	재무제표란 무엇인가?
46	개별손익계산서
53	이익의 질
56	공헌이익(한계이익)
61	연결손익계산서
65	재무상태표
70	유동자산
73	비유동자산
76	유동부채
78	비유동부채
81	자본
83	운전자산, 운전부채 개념
84	현금흐름표

Chapter 3
추정재무제표 작성하기

96	손익계산서 작성하기
113	재무상태표 작성하기
114	감가상각비 추정
117	금융손익 추정
120	법인세 계산
127	현금흐름표 작성하기
131	영업활동현금흐름 계산

Chapter 4
재무분석

- 143 **SECTION 1 안정성 지표**
- 143   유동비율
- 146   부채비율
- 149   차입금의존도
- 152 **SECTION 2 수익성 지표**
- 152   총자산순이익률
- 154   자기자본순이익률
- 156   영업이익률
- 157   EBITDA율
- 159 **SECTION 3 성장성 지표**
- 159   매출액 증가율
- 161   총자산 증가율
- 163 **SECTION 4 활동성 지표**
- 163   매출채권 회전율
- 165   재고자산 회전율
- 167   매입채무 회전율
- 170 **SECTION 5 유통업의 Top Pick 선정하기**
- 172 **SECTION 6 예제 : CJ대한통운 재무비율 분석**
- 172   CJ대한통운 개요

Chapter 5
회계정보를 활용한 의사결정

- 185 **SECTION 1 의사결정 회계**
- 185 CVP 분석
- 186 고정비와 변동비의 이해
- 191 공헌이익
- 197 손익분기점 분석
- 200 엑셀을 활용한 분석
- 205 **SECTION 2 주식투자자를 위한 회계정보**
- 209 **SECTION 3 회계정보를 이용한 주식투자**

Chapter 1
회계 기본

회계를 처음 공부하는 사람들은 회계 공부를 하기도 전에 수많은 계정과목에 압도당해 회계 공부를 그만두는 경우가 많다. 회계의 본질은 모든 거래들을 장부에 기입하고 이를 다시 요약해 정보를 제공하는 것이다. 우리는 회계 공부를 하기 이전부터 용돈기입장과 가계부를 작성해 보았기 때문에 이미 회계에 대해서 알고 있다. 다만 우리가 기업에서 배우는 회계는 기업 간의 비교 가능성을 높이기 위해서 각자의 규칙을 갖고 그 규칙에 맞게 장부를 작성하는 것이다. 이번 챕터에서는 회계 장부가 무엇이고, 이를 어떻게 작성하며, 작성한 결과를 어떻게 이해하는지 배울 것이다.

[학습목표]

1. 회계부서에서 만드는 회계정보와 이러한 정보를 활용하는 방법의 차이점을 이해할 수 있다.
2. 재무회계, 관리회계, 원가회계, 세무회계의 차이를 이해할 수 있다.
3. 회계를 배우는 이유에 대해 설명할 수 있다.
4. 회계정보의 활용 목적을 알 수 있다.

나는 대략 7살 정도부터 돈이 무엇인지 안 것 같다. 7살 이전의 기억은 내가 너무 어려서 잘 기억이 나지 않는다. 7살 때 어머니에게 100원을 받고 슈퍼마켓에 가서 시원한 아이스크림을 사 먹은 기억이 난다. 초등학교 5학년 때 우리집이 학교에서 좀 멀리 떨어진 곳으로 이사갔다. 1년여 만 더 다니면 졸업할 수 있고 나 역시 새로운 곳에서 새로 시작하는 것보다 현재의 친구들이 좋아서 전학 대신 원거리 통학을 선택하였다.

집에서 학교까지는 버스 정거장으로 7정거장이고 초등학생의 발걸음으로 걸어가면 약 35분 정도가 소요되었다. 학원도 다니지 않아서 나는 학교가 파하면 버스를 타고 집에 오거나 걸어서 집에 왔다. 당시는 버스 카드 대신에 현금을 내고 탔다. 내 기억으로 당시 버스비가 70원이었다. 70원이 적은 돈 같지만 당시 새우깡이 100원인 것을 감안하면 그리 적은 돈이 아니었다. 나는 따로 용돈을 받지 않았기 때문에 내가 모을 수 있는 돈은 명절에 친척분들이 주시는 용돈과 버스를 타는 대신 걸어다니면서 모을 수 있는 버스비가 전부였다.

등하교 모두 걸어다니면 하루에 140원을 모을 수 있었는데 1주일이면 840원(당시는 토요일에도 학교에 가야 했다), 한 달이면 3,360원을 모을 수 있었다. 비 오는 날, 늦잠 잔 날, 걸어가기 귀찮은 날 등을 고려하면 걸어서 등하교를 해서 한 달에 약 1,500원의 용돈을 모을 수 있었다. 내가 걸어 다니면서 용돈을 모으는 것을 아는 어머니는 용돈기입장을 사주셨다. 용돈기입장에 얼마의 수입이 생겼고 얼마의 지출이 있었는지 기록하였다. 지금 생각해 보면 이 용돈기입장이 내가 접한 첫 회계라고 할 수 있다. 직장에서 사용하는 회계의 원리를 따르지는 않지만 최소한 용돈기입장을 보면 얼마의 수입이 언제 발생했고, 얼마의 지출을 언제, 무엇에 했는지 알 수 있었다.

회계를 공부하지 않은 사람들은 굉장히 많은 계정과목으로 인해서 회계가 어려운 것이라고 생각한다. 계정과목이라는 것은 용돈기입

* 용역매출 : 서비스를 제공해서 발생한 매출
  상품매출 : 제3자로부터 구입해서 판매하는 매출
  제품매출 : 회사 안에서 제품을 생산해서 완제품을 만든 후 판매하는 매출

장의 계정이름이다. 내가 오늘 걸어서 통학해서 140원을 벌면 이는 수입이라고 적는데, 현실에서는 이 수입조차도 용역매출, 상품매출, 제품매출 등 다양한 이름이 있다. 돈이 들어오는 것은 동일한데 이렇게 다양한 이름이 있어서 사람들은 혼동되기 쉽고, 외워야 할 계정도 많은 데다 그 계정이 통일된 원칙을 갖고 있어 보이지도 않는다. 어떤 회사는 매출을 단순히 매출이라고 하고, 어떤 회사는 용역매출, 어떤 회사는 제품매출로 부를 수도 있다. 이렇듯 같은 매출도 회사에 따라 혹은 회사 안에서조차 다른 이름으로 불려지기 십상이다. 이렇다 보니 사람들은 회계가 블랙박스같이 어려운 것이라고 생각한다.

그러나 나의 경험으로 보면 회계는 결코 어려운 것이 아니다. 회계는 초등학교 5학년이었던 나조차도 이해할 수 있는 것이다. 간단하게 말하면 회계는 가계부를 작성하고 그 작성한 내용을 이해하는 것이다. 다만 가계부를 적는 대상이 나의 월급이 아니라 기업, 조직, 단체 같이 큰 곳이기에 파악하기 어려워 보이는 것뿐이다. 어떤 대상이 너무 크면 우리는 그 대상을 볼 수가 없다. 우리가 우주 속에서 살지만 우주라는 그 대상이 너무 크기 때문에 우리는 우주가 어떤 모양인지 모른다. 반대로 어떤 대상이 너무 작아도 눈으로 볼 수 없기 때문에 우리는 그 대상이 어떻게 생겼는지 모른다. 물질을 이루는 미립자, 초끈 이론의 끈이 어떻게 생겼는지 우리는 정확히 모른다.

그러나 다행스럽게도 우리가 일하는 회사, 조직, 단체는 우주만큼 크지 않아서 몇 발자국 물러나서 보면 충분히 전체를 볼 수 있다. 회계가 어려운 이유는 크게 3가지이다. 첫 번째는 회계 공부를 하지 않아서이다. 회계도 경영학의 한 분야이고 그 나름의 규칙이 있다. 대부분의 사람들은 그 규칙이 익숙해지기 전에 포기해서 회계를 어렵다고 생각한다. 두 번째는 회계가 수학이라고 믿는 사람이 많기 때문이다. 이들은 회계를 접하기 전에 지레 겁먹어서 포기하는 경우가 많다. 회계의 모든 것을 알기 위해서는 사칙연산, 지수연산이 필요하다. 그러나 회계의 기본을 알기 위해서는 사칙연산만 알면 된다. 실제 회계에서 사용하는 수학은 사칙연산이 대부분이기 때문에 5학년이었던 나조차도 쉽게 이해할 수 있었다. 마지막으로 회계를 가르치는 사람이 잘못

> **회계가 어려운 세 가지 이유**
> ① 회계 공부를 하지 않아서이다.
> ② 회계가 수학이라고 믿고, 지레 겁을 먹어서이다.
> ③ 회계를 가르치는 사람이 잘못 가르쳤기 때문이다.

가르쳤기 때문이다. 회계의 정의, 왜 회계가 만들어졌는지를 너무 학문적으로 가르쳐서 이를 처음 배우는 사람은 도대체 이게 뭔가하고 포기하게 되는 경우가 많다.

이 책을 읽는 독자는 위의 3가지 걱정을 하지 않아도 된다. 회계는 작게는 용돈기입장, 크게 봐야 가계부 그 이상을 벗어나지 못한다. 그러니 가계부를 쓸 수 있는 사람은 전부 회계를 이해할 수 있다. 그리고 회계 공부를 하면서 많은 노하우를 갖게 된 저자가 여러분을 쉽게 안내할 것이다. 게다가 이 책은 가계부를 쓰는 방법보다는 가계부를 읽고 이해하는 데 초점을 맞추었다.

모든 사람이 회계팀에서 근무하는 것은 아니다. 회계팀에서 근무하는 사람은 이 책을 읽기보다는 회계사 교재인 중급 재무회계를 공부하기를 권한다. 이 책은 연구팀, 기획팀, 구매팀, 재무팀, 생산팀, 영업팀 등 회계와는 직접적으로 관련이 적은 사람들을 위한 책이다. 회사의 가계부를 작성하는 곳은 회계팀이다. 다른 팀 사람들은 가계부가 어떻게 만들어지고 그 가계부를 어떻게 읽는지 아는 것만으로 충분하다. 삼성전자 매출액이 256조라고 가정하자. 삼성전자의 영업이익 50조가 어떻게 구성되고 이를 어떻게 만드는지보다 영업이익 50조라는 것이 어떤 의미인지 알면 되는 것이다. 삼성전자 영업이익 50조가 독자

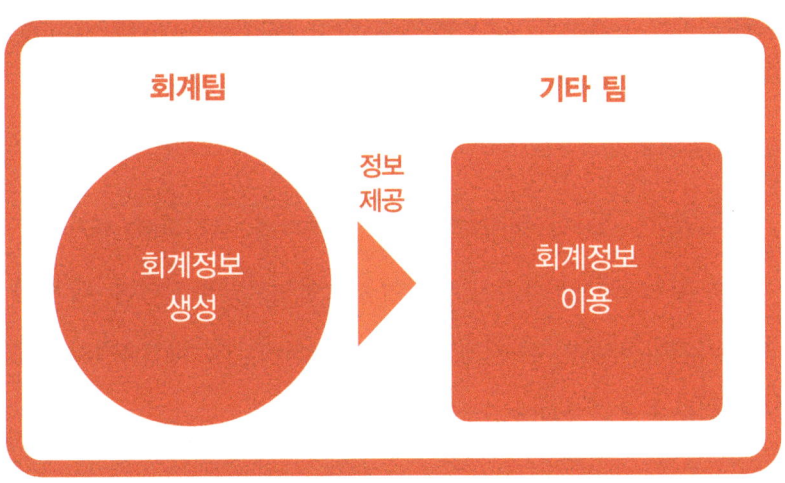

들에겐 어떤 의미인가? 나에게 삼성전자 영업이익 50조의 의미는 삼성전자 돈 많이 벌었구나! 라는 의미이다. 독자들에게도 삼성전자 영업이익 50조가 삼성전자가 돈 많이 버는구나! 라는 의미로 다가간다면 여러분도 회계 센스가 있는 것이다.

SECTION 1
회계의 종류

여러분이 직장인이라면 회사에서 재무회계, 관리회계, 원가회계, 세무회계라는 회계의 4가지 다른 이름을 들어보았을 것이다. 대체 회계는 가면이 몇 개인가? 회계 공부를 하기 전에 서로 다른 4개의 회계가 여러분을 혼란스럽게 만들 것이다.

종류	특징
재무회계	기업의 상거래를 K-IFRS 혹은 K-GAPP에 따라 처리하여 기업의 정보이용자에게 기업의 성과에 대한 정보를 제공하는 회계
관리회계	개별 기업의 내부 관리와 통제를 목적으로 활용하여 기업 경영의 효율을 높여주는 회계
원가회계	제품의 원가를 산정하기 위해 기업에서 활용하는 회계
세무회계	공정한 세금징수를 목적으로 기업의 순자산 증가 여부를 확인하기 위해 활용하는 회계

재무회계

각각의 회계는 상당 부분 비슷하지만 사용하는 목적에 따라 약간의 차이가 생기면서 그 명칭이 달라졌다. 보통 별도의 언급이 없으면 회계는 재무회계를 일컫는다. 재무회계는 우리가 흔히 생각하는 가계부라고 생각하면 된다. 가계부가 한 가정의 수입과 지출을 기록한 것처럼 재무회계는 한 기업의 수입과 비용을 기록한 것이다. 우리가 같은 가계부를 작성해도 집집마다 조금씩 양식이 다르다. 왜냐하면 집집마다 가계부를 작성하는 기준이 다를 수 있기 때문이다. 어떤 집은 경조사비를 지출로 생각하는 반면에 어떤 집은 경조사비를 대출로 생각할 수도 있다. 내가 직장동료의 돌잔치에 10만원의 축의금을 지불했다고 하자. 이때 내가 지금 10만원을 지출하지만 나중에 나의 아이 돌잔치에 10만원을 되돌려 받을 수 있다고 생각해서 이를 직장동료에게 빌려주는 돈이라고 생각할 수 있다. 반면에 어떤 사람은 같은 상황에서 축의금 10만원을 그냥 지출이라고 생각할 수도 있다.

가계부 작성 기준은 가계부를 작성하는 집마다 조금씩 다를 수 있다. 그러나 기업별로 가계부를 작성하는 기준이 다르면 기업 간의 성과 비교가 어렵다. 그래서 국가에서는 기업 간의 수입과 비용에 대한 비교를 손쉽게 하기 위해서 가계부를 작성하는 기준을 만들었다. 우리가 작성하는 가계부에 비유하자면 '경조사비는 돈을 빌려주는 것이 아니라 돈을 지출한 것으로 하자'라고 통일된 규정을 만드는 것과 같다. 재무회계는 기업들의 가계부인데 이는 정해진 규칙에 따라 작성되는 가계부라고 이해하면 된다.

재무회계 하면 많이 들어본 이름이 손익계산서, 재무상태표 혹은 대차대조표일 것이다. 이러한 것들이 기업에서 작성하는 가계부들이다. 기업에서 작성하는 가계부들은 뒤에서 자세히 설명하겠다.

관리회계/원가회계

관리회계라는 말 역시 기업에서 많이 들어봤을 것이다. 관리회계라는 말은 주로 본사 직원들이 많이 들었을 가능성이 높다. 공장이 있는 곳에서는 관리회계보다는 원가회계라는 말을 많이 들었을 확률이 높다. 두 회계는 동일한 회계지만 이를 사용하는 장소에 따라 다른 이름을 갖는다. 관리회계와 원가회계는 동일하지만 현재는 원가회계라는 말 대신 관리회계라는 말이 많이 쓰인다.

집집마다 만드는 가계부를 모두 하나의 규칙으로 통일한 것이 재무회계라면 이를 통일하지 않고 그대로 놔두는 것이 관리회계이다.

각 가정별로 처한 환경이 다르며 가계부를 작성하는 목적도 다르다. 이러한 상이한 점을 충분히 인정해서 통일된 규칙을 만들지 않고 각 가정에서 사용하는 방식을 그대로 인정한 것이 관리회계이다. 회사에서 사용하는 관리회계는 말 그대로 관리라는 목적을 갖고 만들어졌다. 사장, 본부장, 팀장 등이 회사를 경영하기 위해서 작성하는 회계가 관리회계이다. 관리회계는 통일된 규칙은 없지만 상당 부분 재무회계의 규칙을 차용한다. 그러나 재무회계에 해당 규정이 없으면 회사별로 각자의 규칙을 자신들의 필요에 따라 만든다.

우리집은 아내도 경제활동을 한다. 아내는 한 달에 400만원을 벌고 나는 한 달에 300만원을 번다. 우리 가족의 한 달 수입은 700만원이다. 우리는 자기 돈을 각자 관리한다. 자기가 번 돈은 자기가 쓰는데 문제는 식비, 아파트 관리비 같은 공통비용이다. 우리집 식비는 한 달에 70만원이고 아파트 관리비는 한 달에 40만원이다. 즉, 110만원은 우리 부부가 같이 살면서 공통으로 지불해야 하는 비용이다. 우리는 각자 자기 돈을 관리하기로 했다. 그렇다면 이 110만원을 어떻게 분담해야 하나?

어떤 가정은 무조건 반반씩 해서 각각 55만원씩 분담한다. 혹은 집에 더 오래 머무는 사람이 더 많이 지불하게 할 수도 있다. 그러나 우리집은 아내가 마음이 넓어서 더 많이 버는 사람이 더 많이 버는 비율만큼 내기로 결정했다. 즉, 전체 소득 700만원 중에 아내가 400만원을 벌기 때문에 아내가 부담하는 공통비는 110만원 × $\frac{4}{7}$ = 약 63만원, 내가 부담하는 공통비는 47만원으로 하기로 하였다. 이렇게 공통의 비용을 부담하는 방법은 집집마다 통일되지 않고 각자 스스로 결정하면 된다. 이런 것이 관리회계이다.

재무회계는 이런 공통비를 배분하는 규칙이 없다. 그래서 대부분의 관리회계는 재무회계의 규칙을 빌려 쓰지만 이렇게 재무회계에 없는 규칙들은 기업들이 각 기업의 처한 환경에 따라 스스로 만들어서 사용한다.

원가회계도 관리회계지만 원가회계는 제품의 원가계산에 초점을 맞춘 회계이다. 예를 들어 생수 1병을 만드는 데 물값이 50원, 플라스틱 재료비가 300원이 든다고 가정하자. 그러면 생수를 만드는 데 사용한 재료비는 총 350원이다. 그런데 생수는 사람들이 만든다. 그러면 이 사람들의 인건비는 생수 가격에 어떻게 반영될까? 인건비를 반영하는 통일된 규칙은 세상 어디에도 없다. 다만 기업들이 자신들의 계산 목적에 맞게 반영하는 것이다.

예를 들어 사람 1명이 생수 1,000병을 만들고 하루에 5만원의 일당을 받는다고 하자. 생수 만드는 데 1명만 필요하다면 1병당 인건비는 50원이다($\frac{50,000원}{1,000병}$). 이렇게 원가를 계산하는 기업도 있다. 어떤 기업은 하루 일당을 지불하고 사람을 고용하기로 했으면 그 사람이 1병을 만들든 10,000병을 만들든 동일한 인건비가 지불되기 때문에 무조건 처음 만든 1병에 대해서 50,000원의 인건비를 전부 포함시킬 수 있다. 그러면 첫 한 병을 만드는 데 소요된 원가는 50,350원이고 그다음 병부터는 1병을 만드는 원가가 350원이다.

두 가지 중 어떤 방식으로 원가를 계산해도 무관하다. 원가를 계산하는 법칙이 있는 것은 아니다. 다만 기업의 상황에 맞게 원가를 계산하는 것뿐이다. 관리회계가 공장에서 원가를 계산하기 위해서 사용되면 이는 원가회계가 되고, 동일한 관리회계가 본사에서 관리 목적으로 사용되면 관리회계가 된다. 둘은 동일한 것을 지칭하지만 사용되는 장소에 따라 서로 다른 이름으로 불린다.

세무회계

마지막으로 세금을 걷을 목적으로 작성된 회계가 세무회계이다. 세무회계와 대비되는 회계는 재무회계이다. 가계부에 비유하자면 이 두 회계는 가계부를 만드는 것은 동일하지만 그 가계부를 만드는 목적이 다르다. 재무회계는 기업 간의 비교를 위해서 수익과 비용을 기록해서 이익을 계산한다.

> 수익 − 비용 = 이익

세무회계도 수익과 비용을 기록해서 이익을 계산한다. 원칙은 두 회계가 동일하지만 세무회계는 세금을 징수하기 위해서 이익을 계산한다. 그러면 재무회계와 동일한 이익을 계산하면 될 것인데 왜 다르게 이익을 계산할까? 세금이라는 것은 국가 재정을 충당하는 목적도 있지만 사회구성원이 바람직하다는 방향으로 사회를 만들기 위해서 부과되기도 한다. 즉, 세금은 여러 공익적 목적을 달성하기 위한 방법으로 사용된다. 정부에서 마시고 죽자라는 흥청망청한 사회 분위기를 바꾸기를 원한다면 정부는 어떻게 할까?

가장 쉬운 것이 통금이다. 밤 8시만 되면 길거리에 못 다니게 하든가 혹은 밤 9시면 술집은 무조건 영업을 중지해야 하는 법을 만들 수 있다. 이런 법을 지금 만들면 사람들은 다시 촛불을 들 것이다. 이것은 독재국가에서나 하는 것이지 자유민주주의 국가에서 이렇게 국민의 자유를 침해할 수는 없다. 흥청망청 소비하는 사회 분위기를 바꾸기 위해서 정부는 세금을 이용하려고 한다. 개인들이 자기 돈으로 흥청망청할 수도 있지만 기업의 돈으로 흥청망청할 수도 있다. 대표적으로 접대비를 들 수 있다. 접대비는 고객으로부터 무언가를 원해서 고객을 접대할 때 기업들이 사용하는 대표적인 비용이다. 재무회계에서는 이 비용이 액수에 상관없이 전부 비용이지만, 세무회계에서는 이것이 비용으로 인정받기 위한 조건을 건다. 예를 들어 '1년에 1,000만원까지 사용하면 비용이고 그 금액을 넘는 것은 비용이 아니다' 라고 규정할 수 있다.

그러므로 기업 입장에서 1,100만원을 썼으나 국가에서 세금징수를 목적으로 비용이 1,000만원까지만 인정된다면 나머지 100만원은 비용으로 인정받지 못한다. 이 경우 기업에게 무슨 문제가 생기겠는가? 100만원이 비용이 아니라 이익으로 간주되서 세금을 더 내는 문제가 발생한다. 그러므로 기업 입장에서는 접대비를 사용하더라도 최대한 비용으로 인정받아서 세금을 적게 내려는 유인이 발생한다. 그래서 접대비를 덜 사용하게 될 가능성이 높아진다. 결국 접대비를 덜 사용하면 예전보다 덜 흥청망청해서 정부에서 달성하고자 하는 목표를 비슷하게 달성할 수 있다.

 이러한 목적으로 만든 것이 세무회계이다. 실제로 세무회계는 회계팀, 세무사, 회계사가 알면 되지 그 외의 사람들이 알 필요는 없다. 단지 회계팀에서 내려오는 공문을 잘 읽고 그에 맞춰서 비용을 쓰면 된다. 예를 들어 어떤 회사의 세무회계상 비용으로 인정될 수 있는 접대비가 연간 12억원이라면 회계팀은 각 팀별로 공문을 보내 회사 전체적으로 연간 1억원 이상의 접대비를 사용하지 말라고 할 것이다. 우리는 그 공문을 잘 읽고 그 공문대로 시행하면 되는 것이다. 이 책을 읽는 독자는 지금 이 순간 세무회계라는 것을 잊어도 회계를 이해하는 데 전혀 문제가 없다.

SECTION 2
회계를 왜 배우지?

    이 책을 읽는 독자가 지금 신입사원이라면 어려운 취업난 속에서도 합격한 것을 진심으로 축하한다. 취업 준비생일 때는 입사만 하면 모든 게 끝이라고, 혹은 행복할 것이라고 생각했을 수도 있을 것이다. 그러나 여러분에게 있어서 여러분의 인생은 이제 시작이다. 회사생활은 보통 인간관계, 업무 익히기로 시작한다. 그 시작 중에 회계를 알아야 하는 것도 있다. 회사에서 회계를 모른다는 것은 영어를 한마디도 못 하는데 미국으로 유학 가서 성공하겠다고 하는 것과 동일하다. 미국 유학 성공을 위해서 여러분에게 가장 필요한 것은 능숙한 영어이다. 영어가 어떻게 만들어졌는지는 몰라도 영어를 읽고, 쓰고, 말하고, 들을 수 있어야 한다.

    회계도 동일하다. 여러분이 회계라는 가계부를 작성하지 않더라도 그 작성된 가계부가 어떤 의미인지 읽고 해석은 할 줄 알아야 한다. 여러분이 어떤 팀에 있든 간에 그 팀들은 예산이라는 것을 작성한다. 사업팀이라면 내년도에 얼마를 벌어서 얼마의 이익을 남길지 계획을 작성하고, 연구, 개발, 재무, 기획 같은 지원부서라면 얼마의 비용을 사용할지 계획을 작성해야 한다. 직접적으로 돈을 버는 팀이 아니라도 회계를 알아야 한다.

직장에서 인정받기

회계는 경영의 언어이며 회사의 언어이다. 이 언어를 알아야 회사 내에 있는 문서들이 의미하는 바를 정확히 이해할 수 있고 팀장, 본부장, 사장과 의사소통을 할 수 있다. 회사에서 여러분이 하는 일은 문제를 푸는 일이다. 정말로 수학문제 같은 문제를 푸는 게 여러분이 하는 일이며, 높은 자리로 올라갈수록 더 어려운 문제를 푼다. 즉, 사원이라면 초등학교 수준의 문제를 풀고, 대리, 과장, 차장이라면 중학교 수준의 문제를 풀며, 팀장, 본부장, 사장이라면 고등학교 수준의 문제를 푸는 것이라고 보면 된다. 좀 더 재미있게 이야기하면 회사생활은 게임의 퀘스트를 달성하는 일이다. 낮은 레벨의 퀘스트는 쉽고 레벨이 올라갈수록 퀘스트가 어려워지는 것과 같다.

사원이 풀어야 하는 중요 문제는 본부장이 실적보고에서 사장님께 발표할 자료를 만드는 것이다. 어떻게 하면 효율적·효과적으로 자료를 잘 만들지 문제를 푸는 것이다. 대리, 과장, 차장이라면 우리 부서 제품의 시장점유율을 5% 올리는 문제를 푸는 것일 수 있다. 팀장, 본부장, 사장이라면 우리 회사가 동종 업계 1등이 되기 위해서는 무엇을 해야 할지에 대한 문제를 풀어야 한다. 가만히 앉아서 생각하면 회사생활은 문제 푸는 것의 연속이다. 문제를 잘 풀려면 문제를 잘 이해해야 하고 출제자의 의도에 맞춰 답안을 작성해야 하는데, 회계를 모르면 문제의 의도를 이해 못하고 출제자의 의도에 맞게 답을 작성할 수도 없다.

"김 대리! 이번 달 우리 본부 손익자료 뽑아서 분석해 봐!" 라고 팀장이 지시하면 여러분은 어떻게 할 것인가? 일단 손익자료가 무엇인지 모를 것이다. 그리고 이를 얻는다 해도 어떻게 분석할 것인가?

손익 분석

(단위 : 억원)

	A	B	C
매출액	1,000	1,200	900
영업이익	200	210	50
세전이익	100	200	300

운좋게 김 대리가 손익자료를 가져왔다고 가정하자. 위의 표처럼 이 업계에는 우리 회사를 포함하여 총 3개의 기업이 경쟁하고 있다. 이럴 경우 이를 어떻게 분석해서 어떻게 팀장에게 보고해야 할까? 일단 분석을 하기 위해서는 매출액, 영업이익, 세전이익의 개념을 알아

야 한다. 그리고 그 금액의 크기가 서로 다른 원인을 파악하고 그 의미를 알아야 한다. 회계 용어와 그 용어가 의미하는 것을 모르면 원인 파악은 불가능하고 그 의미 파악은 더더욱 불가능하다.

회계를 배우면 가장 좋은 점이 회사의 일을 좀 더 쉽게 할 수 있다는 것이다. 회사 일이 쉬워지면 회사에서 내는 문제를 좀 더 잘 이해할 수 있다. 문제를 잘 이해하면 손쉽게 문제를 풀 가능성이 높아진다. 문제를 많이 풀수록 여러분은 점점 더 회사에서 인정받게 된다. "김 대리!, 내가 문제 하나 낼게. 우리 회사가 어떻게 하면 글로벌 1등이 될 수 있어? 문제 풀어봐봐!" 여러분이 이 문제를 풀면 여러분은 이제부터 사장이며, 앞으로 꽃길만 걸을 것이다.

몸값 높이기

독자들이 공기업의 직원이나 공무원이 아니라면 여러분의 직장은 언제든 여러분을 배신할 수 있다. 이제 더 이상 평생직장은 없다. 어떤 뉴스 기사를 보니 우리나라 직장인의 평균 이직횟수는 2.8회라고 한다. 이 평균에는 공기업도 포함되었기 때문에 실상은 4회 정도라고 봐도 좋을 것이다. 이직은 사기업에 취직한 우리에게는 선택이 아니라 필수가 되어버렸다. 기왕 이직할 바에는 몸값을 높여서 이직하는 게

좋지 않겠는가?

회계를 잘 이해하면 이직 시 몸값을 높일 수 있다. 이직하려는 직장에서 여러분에게 기대하는 것은 여러분의 업무 능력이다. 실무자급에서 이직한다면 실무 능력을 원한다. 앞서 말했듯이 어떤 팀에서 무슨 일을 하든 간에 직장일은 손익과 연관되어 있다. 회사는 돈을 벌기 위해 만들어졌다. 우리는 회사를 위해 돈을 벌기 위해 모였다. 우리가 속한 회사가 돈을 많이 벌면 우리는 임금도 올라가고 보너스도 받는다. 반면에 우리가 속한 회사가 돈을 못 벌면 결국 우리 회사는 문을 닫고 우리는 직장을 잃어버린다. 그러므로 회사의 모든 활동은 돈과 관계되어 있다. 실무자라면 이 돈을 기록한 회계정보를 잘 파악해야 한다. 실무 능력은 자신이 갖고 있는 전문성에 회계 지식이 포함되어야 그 빛을 발한다.

여러분이 중간관리자거나 고급관리자라면 더더욱 돈과 더 밀접한 일을 한다. 매출을 추가로 증가시켜서 이익을 더 올리는 것이 여러분의 일일 수 있다. 혹은 어려움에 빠진 회사를 구해야 하는 것이 독자의 일일 수 있다. 어떤 일을 하든 간에 관리자들은 회계정보를 이용하여 의사결정을 해야 한다. 연구를 시작할지 말지 역시 연구에 대한 타당성을 분석하여 의사결정을 해야 한다. 그러므로 회계를 이해하는 능력은 관리자에게 필수적인 능력이다. 극단적으로 말해 회계를 모르면 관리자로서의 자격이 없다고 할 수 있다.

독자들은 이직할 때 무엇을 보는가? 직장인들의 이직 시 1순위 고려사항은 연봉이다. 이는 참 어리석은 일이다. 여러분에게 두 개의 선택지가 있다고 가정하자. 한 곳은 연봉이 1억원이고 다른 곳은 연봉이 8천만원이다. 어떤 곳을 선택하겠는가? 연봉만 놓고 본다면 연봉 1억원인 곳을 선택한다. 이는 근시안적인 결정이다. 여러분이 좀 더 성숙한 직장인이라면 당장의 연봉보다는 그 회사에서 내가 얻을 수 있는 수익의 총합을 보고 결정해야 한다.

여러분의 회사생활 목표가 내년 1년의 연봉이 전부인가? 기본적으로 여러분이 생각하는 연봉 1억원은 1년간의 연봉이 아니라 앞으로 여러분이 그 회사를 다니는 장기간 동안의 평균적인 연봉일 것이다. 애석하게도 연봉 1억원짜리 기업이 부실기업이라면, 그리고 연봉 8천만원짜리 기업이 우량기업이라면 어디를 선택하겠는가? 당연히 부실기업보다는 우량기업을 선택해야 한다. 그럼 부실기업과 우량기업을 어떻게 찾는가? 헤드헌터의 말을 믿거나 지인들의 이야기를 들을 것인가?

우량기업과 부실기업의 차이는 지인들의 이야기나 헤드헌터의 이야기가 아니라 그 회사 가계부, 즉 회계정보를 통해서 파악해야 한다. 우량기업은 지금도 돈을 잘 벌고 앞으로도 돈을 잘 벌 수 있는 기업이다. 부실기업은 지금도 돈을 잘 못 벌고 앞으로도 돈을 잘 못 벌 것 같은 기업이다. 오랫동안 직장생활을 하려면 우량기업으로 이직을 해야 한다. 그래야만 그 곳에서 돈도 꾸준히 벌고 다양한 회사 업무도 경험할 수 있다. 이를 통해서 자기개발이 이루어질 수 있다. 그러므로 자신의 몸값을 높이기 위해서는 회계를 잘 알아야 한다.

용돈벌기

우리가 글로벌 금융회사, 컨설팅사, 대형 로펌에서 전문가로 활동하지 않는 이상 월급을 모아서 부자가 될 가능성은 낮다. 강남에 30평대 아파트가 시가 20억이 넘는다. 연봉 1억을 받더라도 꼬박 20년을 안 쓰고 모아야 살 수 있다. 서울의 평균 아파트 가격은 6억원이다. 연봉이 1억이라 하더라도 안 쓰고 6년을 모아야 살 수 있다. 그러나 애석하게도 6년 후 그 아파트 가격은 아마도 10억이 될 가능성이 높다. 우리의 월급이 오르는 속도보다 집값 오르는 속도가 빨라서 월급만으로 내 집을 마련하기는 다소 힘들다.

직장인의 꿈은 역시 주식이다. 주식이야말로 직장인이 부자가 될 수 있는 꿈을 잠시나마 꾸게 해준다. 이러한 이유로 직장인들 상당수가 주식을 한다. 그러나 주식을 하는 사람은 많아도 주식 해서 돈 벌었다는 사람은 찾기 어렵다. 더구나 주식 해서 내 집 마련했다고 하는 사람은 더더욱 찾아보기 어렵다. 왜냐하면 우리는 주식 종목을 그냥 소문을 듣고, 혹은 증권방송을 보고 선택하기 때문이다. 우리가 회계를 알고 약간의 참을성이 있다면 우리는 워런 버핏이 될 수 있다.

2008년 10월에 LG생활건강의 주가는 약 14만원대였다. 10년 후 이 14만원짜리 주식은 140만원 이상으로 10배 상승했다. 감만 갖고 지인의 추천으로만 이 주식을 살 수 있었을까? 우량주식을 선택하기 위해서는 회계정보를 통해서 해당 주식이 우량한지 성장성이 있는지 확인해야 한다.

화장품 기업에는 LG생활건강 이외에 한국콜마, 아모레퍼시픽, 코스맥스 등이 있다. 그중에서 왜 LG생활건강을 선택해야 하는가? 매출액, 영업이익, 당기순이익, 주당순이익, ROE, PER, PBR 같은 그 기업의 실적을 나타내는 것들을 알아야 한다. 이 모든 지표들은 회계정보를 기본으로 만들어진다. 그러므로 회계에 대한 이해 없이는 이 지표들을 이해할 수 없다. 그 결과 어떤 주식이 우량주식이고 어떤 주식

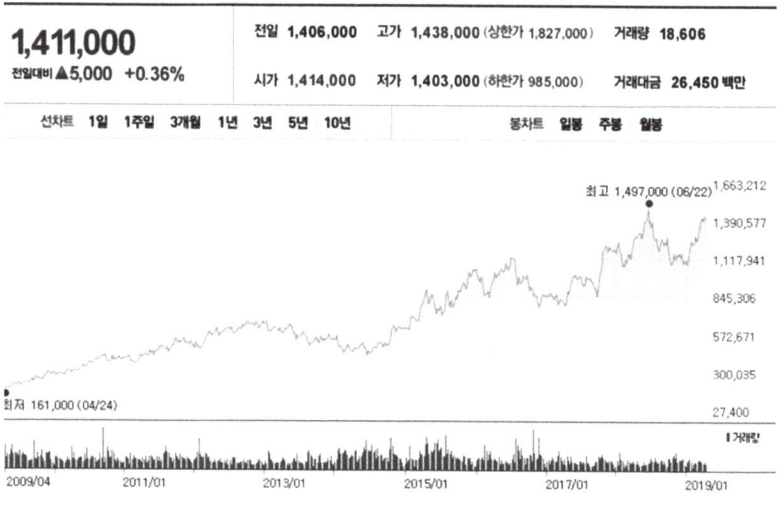

출처 : 네이버.

이 불량주식인지 그 옥석을 가릴 눈이 없고 단지 남의 말만 믿고 투자하게 된다. 남의 말만 믿고 투자하면 주가가 하락하거나 불경기가 다가온다고 하면 덜컥 겁이 난다. 왜냐하면 나는 남들이 알려준 그 주식에 대해서 확신이 없기 때문이다. 투자를 하는 내가 확신이 없기 때문에 누군가가 그 회사 안 좋대라는 말만 하거나 뉴스에서 그 회사에 대한 부정적인 기사가 나오면 내 마음은 한없이 흔들리고 밤새 잠도 못 자게 된다.

그러나 내가 회계정보를 통해서 해당 회사를 분석하고 확신을 갖고 투자했다면 주가의 하락이나 부정적인 뉴스에 대해서도 충분히 믿음을 갖고 견딜 수 있다. 회계를 잘 안다고 주식에 100% 성공한다는 보장은 없지만 주식에 성공한 사람 모두는 회계정보를 알고 있다.

동일업종비교 (업종명 : 화장품   재무정보 : 2018.12 분기 기준)

종목명 (종목코드)	LG생활건강* 051900	아모레퍼시픽* 090430	아모레G* 002790	한국콜마* 161890	코스맥스* 192820
현재가	1,411,000	233,000	81,400	77,000	143,000
전일대비	▲ 5,000	▲ 7,000	▲ 2,300	▲ 1,900	▲ 3,500
등락률	+0.36%	+3.10%	+2.91%	+2.53%	+2.51%
시가총액(억)	220,372	136,208	67,120	17,206	14,370
외국인취득률(%)	45.26	34.30	21.35	40.67	30.38
매출액(억)	16,985	12,241	13,976	3,799	3,288
영업이익(억)	2,108	238	164	396	101
조정영업이익	2,108	238	164	396	101
영업이익증가율(%)	-24.05	-68.91	-80.62	409.36	-23.71
당기순이익(억)	1,013	5	-205	210	-5
주당순이익(원)	5,672.33	21.79	-193.34	753.23	613.43
ROE(%)	20.98	7.75	4.65	11.38	13.49
PER(배)	36.62	48.41	50.88	39.41	44.05
PBR(배)	6.73	3.63	2.17	3.93	5.41

* PER, PBR 수치는 최근 결산년도 기준입니다.
* 종목은 IFRS (연결) 회계기준을 적용한 종목입니다. (최근 분기보고서 기준이며, 기준 분기는 종목마다 다를 수 있습니다.)
* IFRS (연결) 적용 종목의 당기순이익 및 가치지표(주당순이익, PER, PBR)는 지배주주지분을 기준으로 산출하였습니다.

출처 : 네이버.

기타 용도

우리가 경영자라면 우리 회사가 얼마를 벌었는지 알 수 있으므로 그에 따른 투자계획을 세울 수 있을 것이다. 그리고 회계를 안다는 것은 기업의 성과를 아는 것이고 기업의 강점과 약점도 알게 된다는 것이다. 경영자로서 어떻게 기업을 이끌어 갈지 알 수 있다.

우리가 노조의 집행부라면 매년 회사와 임금협상을 할 것이다. 임금협상을 할 때 회사가 얼마를 벌었는지 알아야 임금인상을 주장할지 동결에 사인을 할지 알 수 있다. 회사가 적자가 나고 문 닫기 일보 직전인데 임금인상을 위해 파업을 한다면 누구에게도 지지받지 못하는 파업이 될 것이다. 그러나 회사가 돈을 엄청 버는데 노조가 임금인상을 요구하지 않는다면 노조는 우리를 대표할 자격이 없을 것이다. 임금협상을 하는 상대방이 얼마의 여력이 있어서 내 임금을 올려줄 수 있는지 알아야 내가 요구할 수 있는 임금인상의 수준을 결정할 수 있다.

기타 사회단체들도 회계를 알아야 한다. 사회단체들은 정부의 기부금이나 출연금으로 운영되지만 많은 기업들의 기부금으로도 운영된다. 자신들이 필요한 돈만큼 기부를 받기 위해서는 돈을 잘 버는 회사에 가서 기부를 해달라고 요청을 해야지 적자가 나는 회사에 가서 기부를 해달라고 요청을 할 수는 없다. 곳간에서 인심 난다고 돈을 잘 버는 기업들은 기부에도 관대하다. 기업들에게 기부금은 비용으로 인식되기 때문에 기부를 안 하고 그만큼 세금을 더 내느니 기부를 더 하면서 사회적으로 칭찬도 받고 세금도 덜 내는 1석 2조를 택할 수도 있다. 미국의 부자들이 기부하는 건 순수하게 자신이 번 돈을 사회에 환

원하는 의미도 있으나 기부를 통해서 절세를 할 수 있기 때문에 하는 경우도 있다. 그러니 사회단체들도 회계를 알아야 자신들이 원하는 목표를 달성할 수 있다.

이 외에도 현대를 살아가는 교양 있는 시민이 되기 위해서는 회계가 필수적이다. 회계는 수익, 비용, 이익에 대한 내용이다. 정부의 세 수입이 얼마이고, 어디에 얼마를 써서 얼마가 남았는지 아는 것도 중요하다. 내가 낸 세금이 어디에 쓰였는지 알아야 정부를 칭찬하든 항의를 하든 할 것이 아닌가. 뉴스만 보더라도 많은 뉴스 내용들이 경제 혹은 기업과 관련이 있다. 기업이나 경제는 모두 회계로 귀결되기 때문에 회계를 알면 이러한 상식을 더 잘 이해할 수 있다. 오늘을 사는 교양 있는 시민으로서 우리의 품격을 유지하는 데 회계는 필수적인 도구이다.

SECTION 3
어디까지 알아야 하나?

회계는 크게 회계라는 정보를 만들어 내는 것과 이 정보를 사용하는 것으로 구분할 수 있다. 이 책을 읽는 독자는 회계정보를 만들어 낼 필요가 없다. 단지 만들어진 회계정보를 잘 사용하면 된다. 그러나 회계정보를 잘 사용하기 위해서 회계정보가 어떤 규칙 하에 만들어지는지 알 필요가 있다.

회계를 회계사 수준으로, 혹은 회계팀 수준으로 알 필요는 없다. 물론 알면 좋으나 그건 우리의 시간을 낭비할 가능성이 높다. 회계정보를 이용하기 위해서는 회계정보가 무엇이고, 이 정보를 어떻게 만들며, 이 정보를 어떻게 이용하는지 알면 된다. 본서는 이 모든 것들을 알려주겠으나 회계정보를 이용하는 방법에 가장 큰 비중을 두고 독자에게 알려주겠다.

먼저 가장 대표적인 회계정보는 재무제표이다. 재무제표는 손익계산서, 재무상태표^{대차대조표}, 현금흐름표, 포괄손익계산서, 자본변동표, 이익잉여금 처분계산서로 구성된다. 이 재무제표를 통틀어서 회계정보라고 한다. 이 재무제표 안에는 많은 계정과목들이 있지만 이는 재무제표를 만들기 위한 하나의 부속품이고, 이 부속품들이 모여서 재무제표라는 하나의 완제품을 이룬다. 독자들이 알아야 할 것은 이러한 재무제표의 특징과 각 재무제표가 어떤 정보를 주는지이다.

둘째, 각 재무제표를 구성하는 부속품, 즉 계정과목이 어떻게 만들어졌는지 알면 된다. 계정과목이 만들어지기까지의 과정보다는 계정과목을 만드는 규칙 혹은 기준에 대해서 알면 된다. 이 기준은 다음의 재무제표 이해하기에서 자세히 다루겠다.

마지막으로는 재무제표라는 정보를 이용하여 우리의 목적에 맞게 사용하는 방법이다. 경영자가 기업 경영을 하기 위해서 재무제표, 즉 회계정보를 사용할 수 있고, 은행이나 신용평가기관에서 대출을 해주기 위해서 사용할 수 있고, 기업 진단을 위한 컨설팅을 위해서 사용할 수 있고, 가치를 평가하거나 주식투자를 하기 위해서 사용할 수 있고, 노조와의 임금협상을 위해서 사용할 수 있다. 이러한 회계정보들이 어떻게 사용되는지 본서에서는 사례를 통해 알아보고 직장인이 직면하는 업무 문제를 회계를 활용하여 어떻게 해결하는지 같이 풀어 보겠다.

앞으로 모든 예제는 현대자동차의 회계정보를 이용해서 설명할 것이다. 재무제표가 의미하는 바와 그 세부 내역이 어떻게 작성되는지, 그리고 그 작성의 결과인 회계정보를 어떻게 이용하는지 알아보겠다.

chapter 1 요약

- 재무회계는 K-IFRS 혹은 K-GAPP에 따라 작성한 회계정보를 의미하며, 관리회계는 기업의 내부 관리와 통제를 목적으로 각 기업 경영환경에 맞는 회계규정에 따라 회계정보를 생성하고 이를 기업 경영에 이용한다.
- 회계정보의 생성은 모든 상거래로부터 출발하고, 기업에서 이를 담당하는 팀은 회계팀이다. 그 외의 팀 혹은 주체들은 이렇게 만들어서 제공된 회계정보를 각자의 상황에 맞게 의사결정에 활용하면 된다.
- 회계정보는 기업 간의 성과 비교, 주식투자에 대한 분석자료, 경영진의 경영보수 책정의 근거, 사업부의 성과평가 등 다양한 분야에서 활용된다.

Chapter 2
재무제표 이해하기

모든 상거래를 종합해서 이를 정보로 요약한 자료가 재무제표이다. 회계정보 이용자가 가장 빈번하고 유용하게 사용하는 재무제표는 손익계산서와 재무상태표이다. 두 재무제표의 내용을 이해할 수 있어야 정보이용자의 목적에 맞게 회계정보를 활용하여 의사결정을 할 수 있다.

[학습목표]

1. 연결재무제표와 개별재무제표의 차이점을 이해할 수 있다.
2. 기업 규모에 따라 어떠한 회계원칙이 적용되는지 학습한다.
3. 손익계산서, 재무상태표, 현금흐름표의 각 계정들이 어떤 의미인지 학습한다.
4. 이익의 질이 어떤 의미이고, 어떤 이익이 바람직한 이익인지 학습한다
5. 공헌이익의 개념에 대해서 설명할 수 있다.

회계에서 가장 많이 사용하는 용어는 분개와 계정이다. 분개는 각 거래를 복식회계 방식으로 회계기준에 맞게 정리하는 것이다. 쉽게 이야기하면 분개는 상업적 거래를 회계로 기록하는 방법이다. 예를 들어 현대자동차에서 소나타 1대를 1,000만원에 현금을 받고 팔았다고 가정하자. 이 경우 이 거래는 다음과 같이 기입할 수 있다.

매출계정*

| 현금 | 1,000만원 | 매출 | 1,000만원 |
| 매출원가 | 900만원 | 재고자산 | 900만원 |

위의 거래를 해석하면 매출이 1,000만원 발생했고 그 대가로 1,000만원을 수령한 것이다. 재고자산은 소나타 1대를 의미한다. 매출로 인해서 소나타 1대가 현대자동차 창고에서 고객에게 인도되어 재고자산이 900만원 감소했다. 재고자산 900만원어치를 만들기 위해 소요된 원가는 900만원이었다. 이를 좀 더 쉽게 이해하면 소나타 1대를 1,000만원 받고 팔았고, 이를 통해서 창고에서 소나타 1대가 고객에게 인도되는 동시에 판매로 인한 이익 100만원이 발생했다. 이것이 바로 위 거래의 분개내용이다.

* 계정이 T자 모양처럼 생겨서 T계정이라고도 한다.

계정이라는 것은 회계과목의 이름이다. 우리는 매출액, 현금, 재고자산 같은 회계과목 이름을 많이 들었을 것이다. 이러한 것들이 모두 계정이다. 위의 소나타와 관련해서 계정은 현금, 매출, 매출원가, 재고자산 4개이고, 각 거래들은 이러한 계정에 반영되어 관리된다. 여기까지 보면 회계는 매우 복잡해 보인다. 실제 회계는 복잡해 보이는 것이 아니라 복잡하다. 이런 모든 거래들이 상호 연관되어 있다. 이렇게 복잡한 회계를 모두가 이해해야 할 필요는 없다. 이 책을 읽는 독자는 회계정보를 생성하는 사람이 아니라 생성된 회계정보를 이용하는 사람이다. 분개와 계정은 회계정보 생성을 위해 필요한 중간 단계이다. 우리가 가장 많이 사용하는 회계정보는 재무제표이다. 재무제표는 분개와 계정들의 종합을 통해서 하나의 완성된 형태로 우리에게 정보를 제공한다. 여기서는 우리가 알아야 할 회계정보인 재무제표에 대해서 공부하기로 하자.

재무제표란 무엇인가?

회계정보의 시작은 재무제표이고 그 끝도 재무제표이다. 재무제표를 읽고 그 의미를 이해할 수 있으면 그 정보를 바탕으로 기업의 경영의사 결정에 활용할 수 있다. 주요 재무제표로는 손익계산서, 재무상태표, 현금흐름표, 자본변동표가 있다. 이 중에 의사결정 과정에서 가장 많이 쓰이는 재무제표는 손익계산서와 재무상태표이다. 보조적으로 현금흐름표와 자본변동표도 의사결정에 사용된다.

우리나라 상장기업들은 2011년부터 국제회계기준^{K-IFRS}에 따라 재무제표를 작성해야 한다. 그 전에는 기업회계기준^{K-GAAP}에 따라 재무제표를 작성했다. 국제회계기준과 기업회계기준의 가장 큰 차이점은 '기업의 범위를 어디까지 볼 것인가'이다.

두 개의 기업이 있다. A기업은 모기업이며 실질적으로 자회사인 B기업을 지배한다. 국제회계기준에 따르면 A기업이 실질적으로 B기업을 지배하므로 A기업의 재무제표는 A기업과 B기업을 포함한 재무

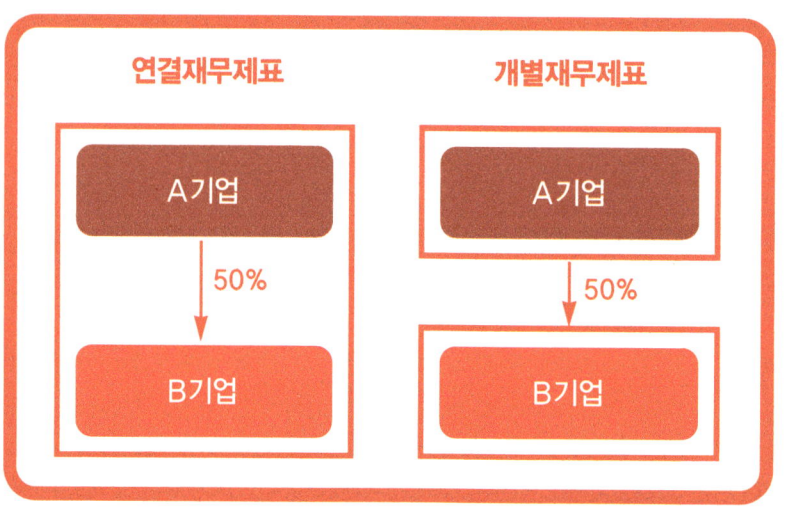

제표이다. 이를 연결재무제표라고 한다.

연결재무제표는 실질적으로 A기업이 B기업을 지배하기 때문에 두 기업을 한 몸이라고 보는 것이다. 반면에 개별재무제표는 두 기업 간에 자회사, 모회사 관계가 있고 아무리 A기업이 B기업을 사실상 지배한다고 할지라도 두 기업은 별개의 기업이기 때문에 각각의 재무제표를 작성한다. 이 경우 이를 개별재무제표라고 한다.

현재 우리나라 회계기준에서 모든 기업들이 연결재무제표를 작성할 필요는 없다. 연결재무제표를 작성하는 기업은 앞서 언급한 상장기업이며 비상장기업 중에서도 외부감사대상인 기업이 K-IFRS 기준에 따라 재무제표를 작성한다. 외부감사대상 기업이 아닌 경우 해당 기업의 선택에 의해서 K-IFRS 기준에 따라 작성할지 여부를 결정할

기업에 따른 회계기준 적용 규칙

구분	기업 유형	적용 회계기준
외부감사대상인 경우	상장기업	K-IFRS 적용
	비상장기업	K-IFRS와 기업회계기준 중 선택 가능
외부감사대상이 아닌 경우	중소기업	K-IFRS와 기업회계기준 중 선택 가능, 선택하지 않을 경우 중소기업회계기준 적용

출처: 『계정과목별 회계 및 결산과 세무실무』, 씨에프오 아카데미, 노승현.

외부감사 대상기업

- 작년도 말 자산총액이 120억원인 주식회사
- 상장법인(코스피, 코스닥)
- 작년도 말 부채총액이 70억원 이상이며 자산총액이 70억원 이상인 주식회사
- 작년도 말 종업원 수가 300명 이상이며 자산총액이 70억원 이상인 주식회사

수 있다.

개별손익계산서

손익계산서는 특정 기간의 손익을 요약해서 보여주는 표이다. 우리나라 많은 기업들의 손익계산서는 매년 1월 1일부터 같은 해 12월 31일까지의 손익을 집계한다. 손익계산서는 개별손익계산서와 연결손익계산서가 있다.

손익계산서를 이해하기 위해서는 손익계산서의 계정내용을 이해해야 한다. 2017년 현대자동차의 매출액은 약 41.6조원이다. 이 숫자가 의미하는 바는 현대자동차가 41.6조원어치의 자동차를 팔았다는 의미와 동일하다. 매출액은 회사의 본원적 영업에서 발생하는 매출을 의미한다. 현대자동차가 남는 현금을 현대제철에 빌려줘서

현대자동차 개별손익계산서

(단위 : 백만원)

	2017년	2016년	2015년
매출액	41,604,869	41,713,632	44,439,694
매출원가	32,620,835	32,000,830	33,393,861
매출총이익	8,984,034	9,712,802	11,045,833
판매비와관리비	6,820,587	7,013,320	6,778,577
영업이익	2,163,447	2,699,482	4,267,256
종속기업및관계기업투자손익	(233,405)	14,708	278,674
금융수익	1,526,011	2,159,883	1,906,016
금융비용	686,688	262,679	183,661
기타수익	1,053,287	890,923	804,364
기타비용	745,592	559,073	392,586
법인세비용차감전순이익	3,077,060	4,943,244	6,680,063
법인세비용	525,741	841,384	1,244,578
당기순이익	2,551,319	4,101,860	5,435,485
주당이익			
기본주당이익 (단위 : 원)			
보통주 기본주당이익 (단위 : 원)	9,478	15,259	20,207
1 우선주 기본주당이익 (단위 : 원)	9,528	15,300	20,256
희석주당이익 (단위 : 원)			
보통주 희석주당이익 (단위 : 원)	9,478	15,259	20,207
1 우선주 희석주당이익 (단위 : 원)	9,528	15,300	20,256

출처 : 전자공시 시스템.

1,000억원의 이자수입이 발생했다고 가정하자. 이는 현대자동차의 매출액으로 인식할 수 있을까? 인식할 수 없다. 왜냐하면 현대자동차의 주 목적사업은 자동차를 제조해서 판매하는 사업이지 자금을 빌려줘서 이자대금을 수취하는 사업이 아니기 때문이다. 그러므로 매출액은 해당 기업의 고유한 목적사업에서 발생하는 매출을 의미한다.

현대자동차의 2017년 매출원가는 약 32.6조원이다. 이는 매출액 41.6조원을 만들기 위해 투입한 원가라는 의미이다. 이 32.6조원에는 현대자동차 공장에서 일하는 생산직 근로자의 임금, 자동차를 만들기 위해 구입한 원재료, 공장을 가동하기 위해 투입된 모든 비용이 포함된다. 현대자동차의 주 목적사업은 자동차를 제조하고 판매하는 업이기 때문에 매출원가에는 자동차를 제조한 원가가 포함된다.

> **퀴즈 1** 현대자동차 양재동 본사에 근무하는 김 부장이 있다. 이 김 부장의 연봉은 1억원이다. 반면에 울산공장에서 생산관리를 담당하는 강 부장이 있다. 강 부장의 연봉도 1억원이다. 두 부장 모두 연봉이 각각 1억원인데, 매출원가에 포함되는 부장은 누구이며, 인건비는 어떤 항목에 포함되는가?
>
> **정답** : 울산에서 생산관리를 담당하는 강 부장만이 매출원가에 노무비로 포함된다.

매출액에서 매출원가를 차감하면 매출총이익을 계산할 수 있다. 2017년 현대자동차의 매출총이익은 약 8.9조원이다. 매출총이익에서 판매관리비를 차감하면 영업이익을 계산할 수 있다. 판매관리비는 현대차 본사에 있는 직원들의 임금, 본사 건물 유지비용, 딜러들에 대한 인센티브, 광고비 등 자동차 판매와 기업 관리에 소요된 비용을 의미한다. 앞의 [퀴즈 1]에서 울산공장에 있는 강 부장의 임금은 매출원가의 노무비로 인식하고, 양재동 본사에 있는 김 부장의 임금은 판매관리비의 인건비로 인식한다.

매출총이익에서 판매관리비를 차감하면 영업이익을 계산할 수 있다. 영업이익은 회사 본연의 영업활동에서 창출되는 이익이기 때문에 해당 기업의 수익력을 판단하는 지표라고 할 수 있다. 즉, 영업이익이 높다면 해당 기업은 기초 체질이 튼튼하다고 볼 수 있고 영업이익이 낮다면 해당 기업의 기초 체질이 약하다고 볼 수 있다.

종속기업 및 관계기업 투자손익은 현대자동차가 보유하고 있는 타 계열사의 가치 증대에 따라 이익을 인식할 수도 있고 손실을 인식할 수도 있다. 예를 들어 현대자동차가 기아차 지분 20%를 보유하고 있다고 가정하자. 2016년 말 기아차의 장부가치가 10조원이라고 가정하고, 기아차의 손익이 증가해서 2017년 말 기아차의 장부가치가

```
┌─────────────────────────────────────────────────┐
│      2017년           2016년                     │
│    ┌────────┐      ┌────────┐      ┌────────┐   │
│    │기아차 가치│  －  │기아차 가치│  ＝  │ 1조원  │   │
│    │ 11조원  │      │ 10조원  │      │  인상  │   │
│    └────────┘      └────────┘      └────────┘   │
│                                                 │
│  ⇒ 기아차 지분 20% 보유 현대차 이익 : 2천억원      │
└─────────────────────────────────────────────────┘
```

11조원으로 증가했다고 가정하자. 1년 동안 기아차의 가치는 1조원이 증가했으며 현대자동차가 기아차 지분을 보유한 20%만큼 기아차의 가치증분은 현대자동차로 귀속된다. 그러므로 현대자동차는 2017년 말에 2천억원의 종속기업 및 관계기업 투자손익을 인식하였다. 반대로 기아차의 실적이 하락해서 오히려 가치가 하락했다면 현대자동차는 종속기업 및 관계기업 투자손실을 인식해야 한다.

금융수익, 금융비용은 자금의 차입과 관련해서 발생한 수익과 비용이다. 현대자동차가 잉여현금이 있어서 이를 은행에 예금했다면 예금하고 받은 이자는 금융수익으로 인식한다. 반대로 현대자동차가 외부로부터 자금을 차입해서 이자를 지급했다면 이는 금융비용으로 인식한다. 세부적으로 보면 금융수익과 금융비용은 여러 가지 항목으로 구성될 수 있으나, 개념적인 이해와 재무제표의 이용이라는 목적에서 보면 금융수익과 금융비용을 차입과 대출의 결과로 이해해도 무방하다.

기타수익과 기타비용은 현대자동차가 자동차 매매, 자금의 차입과 대출과도 관련 없는 곳에서 발생한 손익을 의미한다. 예를 들어 현대자동차가 아산에 땅 10만 평이 있었는데 더 이상 필요 없어 이 땅을 매각했다고 가정하자. 매각을 통해 원래 장부가액보다 더 비싸게 팔아서 1조원의 매각차익이 발생하면 이는 기타수익으로 분류할 수 있다. 반대로 땅을 장부가액보다 더 적은 금액으로 판매할 경우 손해가 발생하면 이는 기타비용으로 인식할 수 있다. 즉, 기타수익과 기타비용은 현대자동차의 본원적인 사업에서 발생하지 않는 수익과 비용을 의미한다. 이러한 수익과 비용은 1회성으로 발생하는 것이라고 볼 수 있다.

법인세비용차감전순이익은 현재까지 발생한 모든 수익과 비용을 차감한 금액이다. 이는 법인세 비용을 지급하기 전의 이익이기 때문에 세전이익이라고 하기도 한다. 세전이익에서 법인세 비용을 차감하면 당기순이익을 계산할 수 있다. 현대자동차의 2017년 당기순이익은 약 2.5조원이었다.

주당이익 정보는 현대자동차 주식 1주당 이익을 일컫는다. 현대자동차는 보통주와 우선주를 발행하였다. 보통주는 일반적인 주식으로 배당을 받을 권리와 주주로서 주권을 행사할 권리가 있는 주식이다. 우선주는 주주로서 주권을 행사하지 못하고 배당만을 받을 권리가 있는 주식이다. 주주로서 주권을 행사하지 못하기 때문에 이에 대한 보상으로 통상 보통주보다 높은 배당을 지급받는다. 기업이 파산할 경우에도 채권자들에게 대금을 지불하고 남는 돈이 있으면 주주에게 지불한다. 기업 파산 시 우선주가 보통주에 비해서 우선적으로 대금을 변제받을 수 있다.

보통주와 우선주의 특징 비교

	보통주	우선주
특징	주주총회에서 의결권을 행사할 수 있는 주식이나, 기업이 파산할 경우 잔여 재산에 대해서 청구할 수 있는 순위가 후순위인 주식	주주총회에서 의결권을 행사할 수 없으나, 보통주에 비교해서 이익배당에 우선적으로 참여할 수 있고, 일반적으로 보통주보다 높은 이익배당을 수령할 수 있는 주식

주당이익은 보통주 1주가 창출한 이익을 말한다. 보통주의 1주당 주당이익은 현대자동차의 당기순이익을 현대자동차의 보통주 발행주식 수로 나눈 금액이다.

$$1\text{주당 보통주 이익} = \frac{\text{당기순이익}}{\text{총 발행 보통주식 수}}$$

희석주당이익은 현대자동차의 주식이 시장에서 거래되지 않는 부분을 감안한 것이다. 예를 들어 현대자동차가 100주의 보통주를 발행했다고 가정하자. 이 중 현대자동차가 자신이 발행한 주식 10주를 보유하고 있다고 가정하자. 그리고 이 주식은 7월 1일에 시장에 판매했다고 가정하자. 이 경우 시장에 유통되는 주식은 100주지만 모든 주식이 전부 1월 1일부터 12월 31일까지 유통된 것은 아니다. 즉, 현대자동차가 보유하고 있는 자신의 주식은 주식시장에서 유통되지 않는다. 이러한 유통되지 않는 주식을 감안하여 계산한 1주당 이익을 희석주당이익이라고 한다. 우리는 회계정보를 생성하는 사람이 아니라 회계정보를 이용하기 때문에 희석주당이익을 독자가 계산할 필요는 없다.

이익의 질

손익계산서에는 매출총이익, 영업이익, 법인세차감전순이익, 당기순이익이 기록된다. 이런 다양한 이익들의 개념을 이해해야 한다. 매출총이익은 매출과 이에 대한 직접적인 제조원가만을 의미한다. 그러므로 매출총이익이 높다는 것은 현대자동차의 자동차 제조비용이 낮다는 것을 의미한다. 영업이익은 기업의 본원적인 영업에서 창출되는 이익이다. 법인세차감전순이익은 1회성 수익과 비용까지 감안하여 계산한 이익을 의미한다. 당기순이익은 기업이 이익에 대해서 내야 할 세금까지 지불하고 남은 이익을 의미한다.

손익계산서

이익	내용
매출총이익	매출액에서 매출원가를 차감한 이익
영업이익	매출총이익에서 판매관리비를 차감한 이익이며, 기업의 본원적인 영업활동에서 발생하는 이익임. 기업의 일상적인 경영활동에서 발생하는 이익
법인세차감전순이익 (세전이익)	영업이익에서 기타손익을 차감한 이익으로 기업의 비경상적인 활동까지 포함한 이익
당기순이익	법인세차감전순이익에서 법인세를 차감한 이익으로 기업의 주주들에게 최종적으로 귀속되는 이익

두 기업이 있다고 가정하자. 두 기업 모두 매출액과 당기순이익이 동일하다고 가정한다. 두 기업 중 어떤 기업이 더 안정성이 높고 영속적으로 존재할 수 있는 기업인지 판단하고, 왜 그렇게 판단했는지 알아보자.

A기업과 B기업은 매출은 동일하나 매출원가가 서로 다르다. A기업은 매출총이익이 300억원, 영업이익이 250억원, 당기순이익이 200억원이다. B기업은 매출총이익이 900억원이고 영업이익이 50억원이며, 당기순이익은 200억원이다. 이 경우 두 기업의 당기순이익은 동일하지만 기업의 안정성은 A기업이 B기업보다 높다. 왜냐하면 A기업의 영업이익이 250억원이기 때문이다. 영업이익 250억원이 의미하는 것은 A기업이 내년에도 영업이익 250억원을 달성할 가능성이 높다는 것이다.

(단위 : 억원)

	A기업	B기업
매출액 (+)	1,000	1,000
매출원가 (−)	700	900
매출총이익	300	100
판매관리비 (−)	50	50
영업이익	250	50
기타손익 (+)	0	200
법인세차감전순이익	250	250
법인세비용	50	50
당기순이익	200	200

반면에 B기업의 영업이익은 50억원이다. 즉, B기업은 내년에도

50억원의 영업이익이 발생할 가능성이 높다. 그러나 두 기업의 큰 차이는 A기업은 기타손익이 발생하지 않았지만 B기업은 기타손익 200억원이 발생하였다는 점이다. 결과적으로 두 기업의 당기순이익은 200억원으로 동일하다. 기타손익이 발생한 것의 의미는 이 손익이 내년에도 발생할지는 미지수라는 것이다. 기타손익은 어쩌다 혹은 예상치 못하게 발생한 손익이다. 즉, 지속적으로 발생 가능한 손익이 아니다. 그러므로 두 기업의 당기순이익이 동일하지만 손익의 내역을 보면 A기업의 손익이 훨씬 건강한 손익임을 알 수 있다. 우리는 A기업의 이익의 질이 B기업보다 우수하다고 말할 수 있다.

공헌이익(한계이익)

재무회계에는 공헌이익 혹은 한계이익이라는 용어가 없다. 공헌이익이라는 용어는 관리회계에서 사용하는 용어이다. 공헌이익의 정의는 다음과 같다.

> **공헌이익 = 매출액 − 변동매출원가 − 변동판매관리비**

공헌이익을 알기 위해서는 변동비와 고정비에 대한 이해가 필요하다. 모든 원가는 변동비와 고정비로 분류할 수 있다. 변동비는 생산량에 따라 혹은 판매량에 따라 같이 증가하는 비용을 의미하고, 고정비는 생산량 혹은 판매량이 달라져도 변하지 않는 비용을 의미한다.

대표적으로 자동차 1대를 생산하기 위해서 타이어가 4개 소요된다고 가정하자. 자동차 2대를 생산하기 위해서는 타이어가 8개 소요된다. 즉, 자동차 생산량이 증가할수록 타이어 구입량도 같이 증가한다. 이러한 비용을 변동비라고 한다.

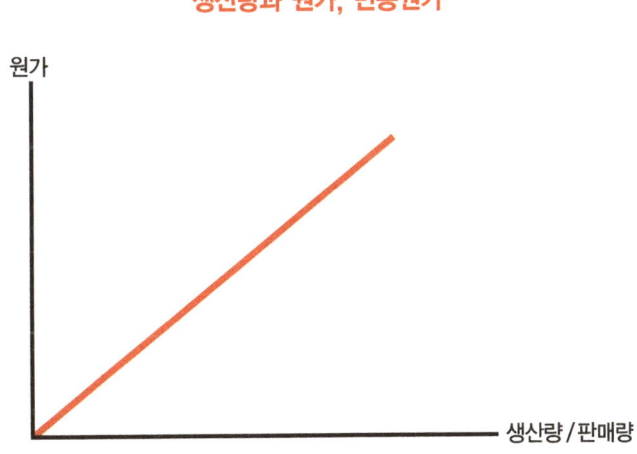

생산량과 원가, 변동원가

현대자동차가 딜러들에게 자동차 1대를 팔면 1대당 100만원씩의 인센티브를 지급한다고 가정하자. 자동차가 1대 팔리면 100만원의 판매관리비가 발생하고 10대가 팔리면 1,000만원의 판매관리비가 발생한다. 이처럼 자동차 판매가 증가하면서 판매관리비도 같이 증가하면 이를 변동판매관리비라고 한다.

자동차를 생산하기 위해서는 공장이 필요하다. 공장을 건설하면 감가상각비라는 것이 발생한다. 예를 들어 현대자동차가 울산공장을 건설하는 데 1조원의 비용이 투입되었다고 가정하자. 공장의 수명이 20년일 경우 1조원의 비용 중에 매년 1년에 해당하는 비용은 500억원이다. $\frac{1조원}{20년}$, 즉 1년이 지날수록 현대자동차 울산공장의 가치도 500억원씩 감소한다는 것이다. 이 비용을 감가상각비라고 한다. 감가상각비는 울산공장에서 자동차를 1대만 생산해도 1년에 500억원

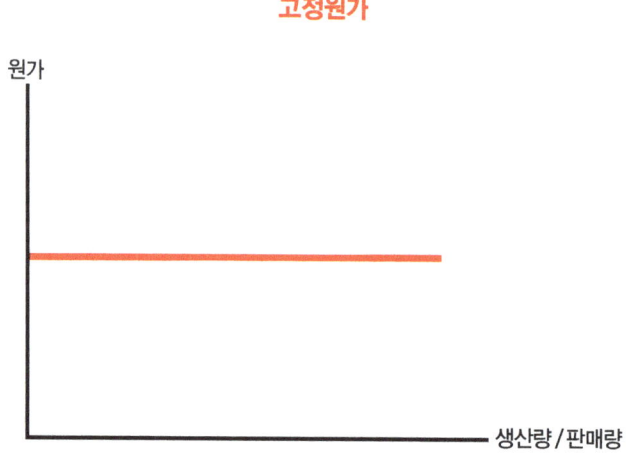

고정원가

씩 발생하고 10만 대를 생산해도 1년에 500억원씩 발생한다. 이렇게 생산량과 관계없이 발생하는 비용을 고정비라고 한다.

자동차를 1대 팔아도 양재동 본사에 있는 관리직원이 100명 필요하고, 1,000대를 팔아도 관리직원이 100명 필요하다고 가정하자. 즉, 자동차 판매량에 관계없이 현대자동차의 실적을 집계하고 비전을 수립하는 본사의 업무가 필요하다고 가정하자. 양재동 본사에서 근무하는 현대자동차 사무직원의 인건비는 판매량에 따른 변화가 없다. 그러므로 이들의 인건비도 고정비라고 할 수 있다.

공헌이익을 계산하기 위해서는 원가를 변동비와 고정비로 분류한 후에 매출액에서 모든 변동비를 차감하면 된다. 예를 들어 현대자동차의 2018년 매출액이 50조원이고, 이 중 변동비(변동매출원가와 변동판매비를 포함한 금액)가 30조원이라고 가정하자. 2018년 현대자동차의 공헌이익은 20조원이다. 만약 공헌이익이 마이너스라면 무엇을 의미하는가? 두 회사의 사례를 통해서 공헌이익에 대해서 좀 더 알아보자.

A기업과 B기업은 각각 자동차를 제조하는 기업이다. 두 기업 모두 매출액은 1,000억원으로 동일하다. 그러나 두 기업의 원가구조는 다르다. A기업은 변동비와 고정비가 같이 발생하고 있고 B기업은 변

동비만 있는 기업이다. 두 기업의 공헌이익을 계산하고 그 의미를 해석해 보자.

공헌이익 사례

(단위 : 억원)

	A기업	B기업
매출액	1,000	1,000
변동매출원가	500	900
고정매출원가	200	0
변동판매관리비	100	200
고정판매관리비	50	0

A기업의 공헌이익 = 매출액 − 변동매출원가 − 변동판매관리비

= 1,000 − 500 − 100 = 400(억원)

B기업의 공헌이익 = 매출액 − 변동매출원가 − 변동판매관리비

= 1,000 − 900 − 200 = −100(억원)

A기업의 공헌이익은 400억원이며, B기업의 공헌이익은 −100억원이다. 이 의미는 A기업은 총 400억원의 공헌이익을 바탕으로 고정비를 부담한다는 것이다. 반면에 B기업은 공헌이익이 −100억원이며, 고정비는 없다. 이는 B기업이 매출을 증가시키면 증가시킬수록 손실이 더 크게 발생한다는 것을 의미한다. 판매가격보다 변동비가 높기

때문에 팔면 팔수록 그 손해가 커진다는 것을 의미한다.

기업에서는 영업이익 혹은 매출총이익이 손실이 나더라도 공장을 가동하는 경우가 더 이익일 때가 있다. 고정비만큼의 손실이 발생하지만 공헌이익이 플러스인 상태에서는 전체적인 영업이익이나 매출총이익이 적자라 할지라도 고정비에 대한 부분을 일정 부분 부담하기 때문에 손실을 줄여준다. 그러므로 공헌이익이 플러스일 경우에는 지속적으로 공장을 가동하거나 제품을 판매하는 것이 손실을 줄이는 방법이다. 이에 대한 내용은 뒤에서 더 깊게 다루기로 하겠다.

연결손익계산서

현대자동차의 연결손익계산서는 현대자동차가 실질적으로 지배하는 기업들의 모든 손익을 합산한 것이다. 그 결과 현대자동차의 2017년 연결매출액은 약 96.3조원이다. 이는 앞서 살펴본 개별손익계산서의 매출액인 약 41.6조원보다 54.7조원이 더 많다. 현대자동차의 연결손익계산서에 포함된 기업들은 현대자동차 연결감사보고서의 주석을 보면 알 수 있다. 주석이라는 것은 해당 재무제표가 무엇을 의미하고 어떤 기준에 의해서 작성되었는지 세부적으로 보여주는 해설이다.

현대자동차 연결손익계산서

(단위 : 백만원)

	2017년	2016년	2015년
매출액	41,604,869	41,713,632	44,439,694
매출액	96,376,079	93,649,024	91,958,736
매출원가	78,798,172	75,959,720	73,701,296
매출총이익	17,577,907	17,689,304	18,257,440
판매비와관리비	13,003,240	12,495,804	11,899,534
영업이익	4,574,667	5,193,500	6,357,906
종속기업및관계기업투자손익	225,053	1,729,447	1,930,675
금융수익	972,943	1,111,238	831,376
금융비용	1,120,386	678,037	713,452
기타수익	1,153,744	1,177,887	1,255,105
기타비용	1,367,471	1,226,963	1,202,237
법인세비용차감전순이익	4,438,550	7,307,072	8,459,373
법인세비용	(107,850)	1,587,419	1,950,208
연결당기순이익	4,546,400	5,719,653	6,509,165
연결당기순이익의 귀속			
지배기업소유주지분	4,032,824	5,406,435	6,417,303
비지배지분	513,576	313,218	91,862
주당이익			
기본주당이익 (단위 : 원)			
보통주 기본주당이익 (단위 : 원)	14,993	20,118	23,861

1 우선주 기본주당이익 (단위 : 원)	15,043	20,156	23,909
희석주당이익 (단위 : 원)			
보통주 희석주당이익 (단위 : 원)	14,993	20,118	23,861
1 우선주 희석주당이익 (단위 : 원)	15,043	20,156	23,909

출처 : 전자공시 시스템.

연결감사보고서의 [주석 1]을 보면 연결감사보고서의 연결대상에 현대카드, 현대캐피탈, 현대로템, 해외 법인 등 약 수십 개의 기업들이 포함되어 있다. 이들의 매출액을 합산하고 내부거래가 있다면 이를 제외하면 된다.

연결손익계산서와 개별재무제표 기준 손익계산서는 거의 유사하

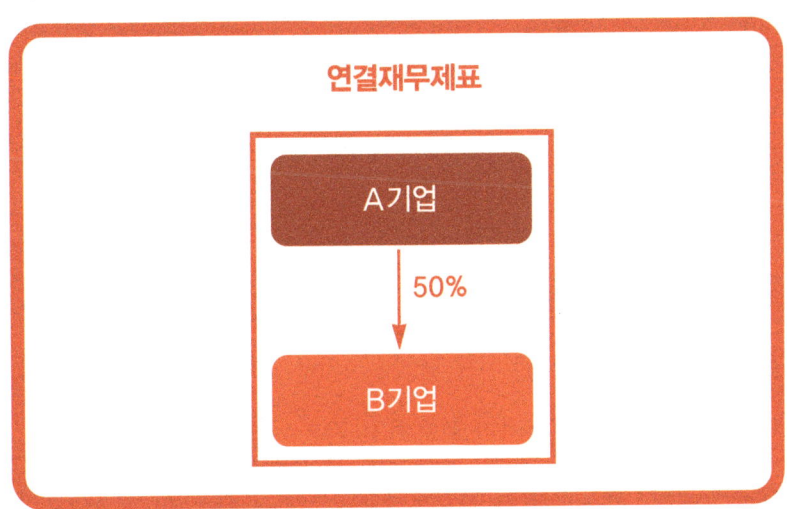

다. 개별재무제표 기준 손익계산서의 당기순이익은 연결재무제표의 당기순이익의 개념과 동일하다. 다만 연결손익계산서에는 연결당기순이익의 귀속이 있다. 이는 당기순이익이 누구에게 얼마만큼 귀속되는지 보여주는 것이다. 지배기업소유주 지분은 현대자동차에게 귀속되는 총 이익을 의미하며, 비지배지분은 현대자동차가 보유하지 않은 지분에 대한 이익을 의미한다. 아래 예제를 통해서 쉽게 이해해 보겠다.

A기업의 당기순이익은 100억원이고 B기업의 당기순이익은 50억원이라고 가정하자. 연결손익계산서상 A기업의 총 순이익은 150억원이다(내부거래가 없다고 가정함). 이는 A기업이 B기업을 100% 지분 보유한다고 가정했을 경우다. 실제 B기업의 이익 중에 A기업이 가져갈 수 있는 이익은 A기업이 보유한 지분율 50%에 한해서이다. 그러므로 A기업의 당기순이익은 자신의 당기순이익 100억원과 B기업의 당기순이익 25억원이다. 그러므로 연결손익계산서상 A기업의 당기순이익은 125억원이 된다.

현대자동차의 지배기업소유지분은 현대자동차가 자회사들을 보유한 실질적인 지분율에 따른 당기순이익을 의미하고, 비지배지분의 당기순이익은 현대자동차가 보유하지 않은 지분에 따른 당기순이익을 의미한다. 엄밀히 분류하면 현대자동차의 실적은 연결손익계산서상 지배기업소유지분의 당기순이익을 의미한다. 현대자동차의 주당이익을 계산할 경우에는 현대자동차의 지배기업소유지분 당기순이익을 기준으로 주당순이익을 계산한다.

재무상태표

재무상태표는 손익계산서와 달리 어떤 한 시점에 기업이 보유하고 있는 모든 자산, 부채, 자본을 나타내주는 표이다. 기업을 사람으로 비유하면, 손익계산서는 어떤 사람의 연간 소득을 의미하고 재무상태표는 어떤 사람이 특정 시점에 갖고 있는 재산을 의미한다. 소득은 기간이라는 개념이 필요하고 재산은 시점이라는 개념이 필요하다. "당신 재산이 얼마야?" 라고 묻는다는 것은 지금 시점에 재산이 얼마인지를 묻는 것이다. 누군가의 전 재산이 아파트 1채와 1억원의 예금이라고 가정하자. 이 사람의 전 재산은 오늘 기준으로 아파트 1채의 시세와 1억원의 예금이다. 이 사람의 재산을 계산하는 데 기간이라는 개념은 필요하지 않다.

다음 표는 현대자동차의 재무상태표, 즉 매년 12월 31일의 현대자동차가 보유한 자산과 부채, 자기자본을 나타낸 표이다.

현대자동차 개별재무상태표

(단위 : 백만원)

	2017년	2016년	2015년
자산			
유동자산	23,299,445	24,175,403	22,098,375
현금및현금성자산	108,022	88,021	583,280
단기금융상품	6,525,813	6,454,390	5,975,546
기타금융자산	10,031,050	10,138,946	8,465,284
매출채권	2,897,096	4,116,311	3,668,054
기타채권	1,005,590	924,247	821,479
재고자산	2,388,345	2,136,540	2,253,083
기타자산	314,461	287,880	284,006
매각예정비유동자산	29,068	29,068	47,643
비유동자산	46,831,205	45,675,514	44,879,849
장기금융상품	228	32	32
기타금융자산	2,081,261	2,057,446	2,330,829
장기성매출채권	14,481	16,735	16,624
기타채권	957,935	966,107	931,842
유형자산	22,214,136	21,401,181	20,922,177
투자부동산	161,057	166,160	259,571
무형자산	3,711,879	3,453,462	3,286,482
종속기업, 공동기업 및 관계기업투자	17,634,852	17,501,143	17,132,292
이연법인세자산	55,376	113,248	
자산총계	70,130,650	69,850,917	66,978,224
부채			
유동부채	10,360,637	11,209,671	12,173,086
매입채무	3,001,351	3,637,598	3,617,281

	미지급금	2,838,054	3,050,948	2,832,128
	단기차입금	1,577,585	1,796,357	1,649,453
	유동성장기부채			300,532
	당기법인세부채	42,092	373,621	849,666
	충당부채	810,756	913,164	975,862
	기타금융부채	186	20,876	42,090
	기타부채	2,090,613	1,417,107	1,906,074
비유동부채		5,545,595	6,061,535	5,108,374
	사채	299,196	298,981	
	장기차입금	1,390,448	1,302,443	469,099
	순확정급여부채	61,747	361,368	400,719
	충당부채	3,729,129	3,991,036	4,088,491
	기타금융부채	47	260	952
	기타부채	65,028	107,447	91,882
	이연법인세부채			57,231
부채총계		15,906,232	17,271,206	17,281,460
자본				
	자본금	1,488,993	1,488,993	1,488,993
	자본잉여금	4,009,870	4,009,870	3,964,962
	기타자본항목	(1,640,095)	(1,640,095)	(1,588,697)
	기타포괄손익누계액	480,092	315,499	425,708
	이익잉여금	49,885,558	48,405,444	45,405,798
	자본총계	54,224,418	52,579,711	49,696,764
	부채와자본총계	70,130,650	69,850,917	66,978,224

출처 : 전자공시.

재무상태표는 크게 자산, 부채, 자본으로 구성된다. 자산은 과거의 거래나 사건의 결과로 현재 기업에 의해서 지배되고 미래의 경제적 효익을 창출할 것으로 기대되는 자원을 의미한다. 이를 쉽게 풀어쓰면 자산이 되기 위해서는 과거에 일어난 사건이어야 하고, 현재 해당 기업이 그 자산을 보유하고 있어야 하며, 그 자산을 통해서 미래의 경제적 효익이 창출되어야 한다. 이 기준에 부합해야 회계에서 자산으로 인정된다.

> **자산이 되기 위한 조건**
> ① 과거에 일어난 사건
> ② 현재 해당 기업이 그 자산을 보유
> ③ 미래의 경제적 효익 창출

예를 들어 현대자동차가 100억원짜리 조립용 기계를 구입하였다고 하자. 이 100억원짜리 조립용 기계는 자산인가 아닌가? 100억원짜리 조립용 기계를 구입한 것은 이미 일어난 사건이다. 즉, 과거의 사건이다. 그리고 그 기계는 현대자동차 울산공장에 있다. 즉, 현대자동차가 보유하고 있다. 이 기계는 앞으로 30년 동안 이용 가능하며 이 기계를 통해서 인건비를 절약할 수 있다. 즉, 미래의 경제적 효익이 발생할 수 있다. 그러므로 현대자동차가 구입한 조립용 기계는 자산의 요건을 모두 충족하여 자산이라고 할 수 있다.

반면에 현대자동차가 100억원의 광고비를 올림픽 기간 동안 지출하였다고 가정하자. 이 광고비는 현대자동차의 자산인가 아닌가? 100억원의 광고비 지출은 이미 발생하였다. 즉, 과거의 사건이다. 그 광고에 대한 시안이나 동영상은 현대자동차가 보유하고 있다. 마지막으로 그 광고를 통해서 현대자동차의 미래 매출이 증가할 수 있겠는가? 그럴 가능성이 높지만 이를 증명하거나 장담할 수는 없다. 즉, 미래의 경제적 효익이 발생한다고 100% 확신할 수 없다. 그러므로 현대자동차가 올림픽 기간 동안 지출한 광고비는 자산이 아니라 비용이라고 볼 수 있다. 자산과 비용은 같은 돈을 지출하였다 할지라도 그 지출이 미래에 현대자동차에게 확실한 이익을 가져다줄 것인가? 혹은 그렇지 않을 것인가라는 기준으로 결정할 수 있다.

부채는 과거에 일어난 사건이어야 하며, 그 사건을 통해 미래의 경제적 효익이 희생되어야 한다. 부채 역시 자산처럼 과거의 사건이어야 한다. 다만 자산과 다른 것은 그 거래로 인해서 미래에 경제적 효익의 희생이 있어야 한다. 경제적 효익의 희생은 미래의 매출을 감소시키거나 혹은 돈을 받지 않고 무언가를 해주어야 한다는 것을 의미한다. 예를 들어 차입금의 경우 과거 차입거래를 통해서 발생했고 미래 언젠가는 원금하고 원리금을 지불해야 한다. 즉, 경제적 효익의 희생이 동반되어야 한다. 자본의 정의는 자산에서 부채를 차감한 금액이다.

유동자산

재무상태표를 나타낼 때는 현금화되기 쉬운 자산의 순서대로 배열한다. 다음 표는 현대자동차 개별재무상태표의 유동자산 부문만 발췌한 것이다. 유동자산은 기업에서 현금화한다면 1년 이내에 현금화할 수 있는 자산을 의미한다.

> **유동자산 : 1년 안에 현금화할 수 있는 자산**

유동자산의 내역에는 현금 및 현금성 자산, 단기금융상품, 기타금융상품, 매출채권, 기타채권, 재고자산, 기타자산, 매각예정비유동자산의 항목이 있다. 현금 및 현금성 자산은 은행의 예금처럼 현금을 사

현대자동차 유동자산

(단위 : 백만원)

	2017년	2016년	2015년
유동자산	23,299,445	24,175,403	22,098,375
현금및현금성자산	108,022	88,021	583,280
단기금융상품	6,525,813	6,454,390	5,975,546
기타금융자산	10,031,050	10,138,946	8,465,284
매출채권	2,897,096	4,116,311	3,668,054
기타채권	1,005,590	924,247	821,479
재고자산	2,388,345	2,136,540	2,253,083
기타자산	314,461	287,880	284,006
매각예정비유동자산	29,068	29,068	47,643

출처 : 전자공시시스템.

용하는 데 있어 제약이 없는 자산을 의미한다. 쉽게 이야기하면 금고에 있는 현금 혹은 자유예금에 있는 현금을 의미한다. 그러므로 현금 및 현금성 자산의 현금화는 언제든지 현금으로 사용하고 싶을 때 가능하다.

단기금융상품은 정기적금 같은 것들을 의미한다. 보통 단기금융상품은 사용에 제약이 있다. 기업에서 은행을 통해 차입을 할 때 은행들은 차입하는 조건으로 정기예금 혹은 은행의 금융상품을 가입하게 한다. 이러한 금융상품은 차입금에 대한 담보로 설정되어 있는 경우가 있다. 이러한 단기금융상품은 현금 및 현금성 자산보다 유동화(현금화)하는 데 다소 시간이 걸린다. 그러나 단기금융상품의 현금화 속도는 현금 및 현금성 자산 다음으로 빠르다.

기타금융자산은 기업이 보유하고 있는 단기금융상품을 제외한 금융자산이라고 볼 수 있다. 증권회사의 상품이 그 대표적인 예이다. 이 역시 유동화하는 데 1년이 소요되지 않는 자산이다. 매출채권은 현대자동차에서 자동차를 판매하고 아직 그 판매대금을 받지 못한 것을 의미한다. 즉, 1년 이내에 고객으로부터 받을 자동차 판매대금이라고 할 수 있다. 기타채권은 자동차 이외의 자산을 매각했을 경우 아직 그 대금을 받지 못한 것이라 할 수 있다. 예를 들어 현대자동차에서 사용하지 않는 사무용품을 팔았는데 아직 그 대금을 받지 못했다면 이는 기타매출채권이라고 할 수 있다. 재고자산은 현대자동차가 아직 고객에게 팔지 못한 자동차를 의미한다. 기타자산은 자동차 이외의 자산인데 판매할 경우 1년 안에 판매할 수 있는 자산을 의미한다. 매각예정비유동자산은 비유동자산(현금화하는 데 1년 이상의 시간이 필요로 하는 자산)으로 매각하기로 결정된 자산을 의미한다. 예를 들어 현대자동차가 업무에 사용하지 않는 사무용품 혹은 토지를 소유하고 있는데, 이를 매각하기로 결정했다면 이러한 자산들을 매각예정비유동자산이라고 한다.

실제 현대자동차의 재무상태표 항목으로 학습을 할 경우 유동자산 항목에서 암기해야 할 계정이 많으나, 독자들이 이 모든 것을 암기할 필요는 없다. 현금 및 현금성자산, 단기금융상품, 매출채권, 재고자산, 기타자산만 암기하면 된다. 왜냐하면 이 5개 계정은 어떤 기업이든 공통적으로 보유하는 계정이기 때문이다. 기업별로 영업환경이 상이하기 때문에 세부 계정들은 다를 수 있다. 그러므로 모든 재무상태표의 계정을 암기하는 것은 학습량만 더 많이 부과할 뿐 실무에서 범용적으로 사용하기는 어렵다.

비유동자산

비유동자산은 기업에서 자산을 현금화할 경우 1년 이상의 시간이 소요되는 자산이다.

> 비유동자산 : 현금화하는 데 1년 이상의 시간이 소요되는 자산

현대자동차 비유동자산

(단위 : 백만원)

	2017년	2016년	2015년
비유동자산	46,831,205	45,675,514	44,879,849
장기금융상품	228	32	32
기타금융자산	2,081,261	2,057,446	2,330,829
장기성매출채권	14,481	16,735	16,624
기타채권	957,935	966,107	931,842
유형자산	22,214,136	21,401,181	20,922,177
투자부동산	161,057	166,160	259,571
무형자산	3,711,879	3,453,462	3,286,482
종속기업, 공동기업 및 관계기업 투자	17,634,852	17,501,143	17,132,292
이연법인세자산	55,376	113,248	

출처 : 전자공시시스템.

위의 재무상태표는 현대자동차의 비유동자산 부분만을 발췌한 것이다. 장기금융상품은 금융상품의 만기가 1년 이상인 금융상품을 의미한다. 기타금융자산은 장기금융상품 이외의 금융자산을 의미한다. 장기성 매출채권은 판매가 이루어지고 그 대금 수령까지 1년 이상의 시간이 소요되는 매출채권이다.

예를 들어 2018년 1월 1일 그랜저 1대를 3,000만원에 판매했고 매년 천만원씩 3년간 지급받는다고 가정하자. 천만원은 유동자산의 매출채권이 되고, 이천만원은 비유동자산의 장기성 매출채권이 된다. 기타채권은 유동자산에서 언급한 것처럼 자동차 이외의 것들을 판매한 후 회수해야 할 판매대금 수령이 1년 이상인 채권이다. 유형자산은 토지, 건물, 구축물, 기계장치, 공구와 기구 같은 항목들이다. 투자부동산은 투자 목적으로 보유하는 부동산이다. 예를 들어 현대자동차의 양재동 사옥은 유형자산의 토지, 건물, 구축물로 구분된다. 그러나 현대자동차가 경기도 용인에 투자 목적으로 토지나 건물 등을 보유할 경우 이는 영업에 사용되지 않고 투자 목적으로 보유하는 것이기 때문에 투자부동산으로 분류된다. 무형자산은 현대자동차가 취득한 특허 등을 의미한다. 대부분의 무형자산은 해당 기업에게는 가치가 있으나 제3자 입장에서 볼 경우에는 가치가 없는 경우가 대부분이다.

종속기업, 공동기업 및 관계기업 투자는 현대자동차 계열의 주식을 현대자동차가 보유하고 있을 경우 그 주식의 가치이다. 예를 들어 현대자동차가 기아자동차 주식을 보유하고 있다면 기아자동차 주식이 이에 해당된다. 이연법인세자산은 현대자동차가 실제 내야 할 세금보다 더 많이 세금을 지불해 미래에 세금을 덜 낼 수 있는 금액을 의미한다. 2017년 기준 현대자동차는 약 553억원의 이연법인세자산이 있다. 즉, 현대자동차는 미래에 약 553억원만큼 법인세를 덜 낼 수 있다.

유동부채

유동부채는 유동자산과 대응되는 개념으로 앞으로 1년 이내에 현대자동차가 지급해야 할 의무이다.

> 유동부채 : 1년 이내에 지급해야 할 의무

현대자동차 유동부채

(단위 : 백만원)

	2017년	2016년	2015년
유동부채	10,360,637	11,209,671	12,173,086
매입채무	3,001,351	3,637,598	3,617,281
미지급금	2,838,054	3,050,948	2,832,128
단기차입금	1,577,585	1,796,357	1,649,453
유동성장기부채			300,532
당기법인세부채	42,092	373,621	849,666
충당부채	810,756	913,164	975,862
기타금융부채	186	20,876	42,090
기타부채	2,090,613	1,417,107	1,906,074

출처 : 전자공시시스템.

매입채무는 매출채권과 대비되는 개념으로 현대자동차가 자동차 제조를 위해서 구입한 제품의 금액 중에 아직 그 대금을 지급하지 못한 금액을 의미한다. 현대자동차 유동부채에서 2017년 매입채무가 약 3조원이 있다는 것은 2017년 말 기준으로 현대자동차는 자동차를 제조하기 위해서 부품을 구입했으나 아직 그 대금을 지불하지 못한 금액이 약 3조원이 있다는 의미이다. 미지급금은 자동차 부품 외에 타 물건을 구매했으나 아직 지급하지 않은 금액을 의미한다. 매입채무와 미지급금은 동일하게 물건이나 서비스를 구입했으나 지급하지 않은 금액으로, 주 영업활동과 관련해서 발생했느냐 아니냐에 따라 구분할 수 있다. 주 영업활동, 즉 자동차 제조·판매와 관련해서 대금을 지급하지 않았으면 매입채무가 되고, 그 외의 활동으로 대금을 지급하지 않았으면 미지급금이 된다.

단기차입금은 차입 당시 만기가 1년 이내인 차입금을 의미한다. 유동성장기부채는 원래 만기가 1년 이상인 부채이나 부채의 만기가 다가오면서 만기가 1년 이내로 짧아진 부채를 의미한다. 현재 3년 만기 차입금 100억원을 차입했다면 2년 후에는 만기가 1년 이내로 다가왔기 때문에 이 차입금 100억원은 유동성장기부채가 된다. 당기법인세부채는 법인세를 내야 하지만 아직 지급하지 않은 법인세를 의미한다. 2017년 말 기준 현대자동차는 법인세 약 420억원을 지급하지 않았다. 충당부채는 지급이 확실하지 않으나 지급할 가능성이 높은 부채를 의미한다. 예를 들어 자동차를 판매하고 보증을 할 경우 자동차가 보증기간 이내에 문제가 발생해 이를 수리해 준다면 이러한 부채를 충당부채라고 한다. 기타금융부채는 위의 항목에 포함되지 않으나 금융기관으로부터 차입한 부채이다. 기타부채는 위의 내용 중 어디에도 포함되지 않는 부채를 의미한다.

재무상태표를 이해하기 위해 현대자동차의 유동부채 항목 전체를 암기할 필요는 없다. 재무상태표의 유동부채에서 중요한 계정은 매입채무, 미지급금, 단기차입금, 유동성장기부채, 기타부채이다. 나머지 부채 항목들은 기업의 영업활동에 따라 기업별로 약간씩 차이가 있다.

비유동부채

비유동부채는 비유동자산에 대응하는 개념으로 만기가 1년 이상인 부채를 의미한다. 즉, 1년 이후 타인에게 지급해야 할 돈을 의미한다.

> 비유동부채 : 만기가 1년 이상인 부채

현대자동차 비유동부채

(단위 : 백만원)

	2017년	2016년	2015년
비유동부채	5,545,595	6,061,535	5,108,374
사채	299,196	298,981	
장기차입금	1,390,448	1,302,443	469,099
순확정급여부채	61,747	361,368	400,719
충당부채	3,729,129	3,991,036	4,088,491
기타금융부채	47	260	952
기타부채	65,028	107,447	91,882
이연법인세부채			57,231

　장기차입금은 현대자동차가 은행으로부터 만기 1년 이상의 자금을 차입한 것이다. 반면에 사채는 현대자동차가 소수의 투자자 혹은 불특정 다수의 투자자에게 사채증서를 발행해서 자금을 유치한 것이다. 장기차입금은 대체로 은행이 그 자금의 원천을 공여한 것이고, 사채는 투자자가 자금의 원천을 공여한 것이다. 은행으로부터 차입한 장기차입금은 그 대금을 갚아야 할 곳이 은행이며, 사채는 그 대금을 갚아야 할 사람이 사채를 보유한 사람이다. 투자자 간에 사채를 사고팔 수 있기 때문에 현대자동차가 최초 사채를 판매한 사람과 사채 만기일에 현대자동차에게 사채금액에 해당하는 금액을 상환하라고 요구하는 사람은 다를 수 있다. 순확정급여부채는 현대자동차가 종업원에게 지

급해야 할 퇴직금 중에 실제 적립한 금액이 이보다 적은 것이다. 예를 들어 현대자동차 전 직원이 일시에 퇴직한다면 100억원의 퇴직금을 지불해야 하는데 실제 퇴직금으로 적립해 놓은 금액이 90억원이라면 10억원이 순확정급여부채이다. 2017년 말 현대자동차는 약 617억원의 순확정급여부채가 있다. 이는 현대자동차의 종업원 전체에 지급할 퇴직금보다 실제 현대자동차가 적립한 퇴직금이 617억원만큼 적게 있다는 의미이다. 기타금융부채는 금융기관으로부터 차입한 것이나 차입금이나 사채라고 불릴 수 없는 부채를 의미한다. 기타부채는 위에 어느 곳에도 속하지 않는 부채를 의미한다. 이연법인세부채는 현대자동차가 내야 할 세금보다 덜 냈기 때문에 미래에 추가적으로 더 지불해야 할 법인세를 의미한다.

　이 모든 비유동부채 계정을 암기할 필요는 없다. 앞서 이야기했듯이 기업마다 영업활동의 내용이 다르기 때문에 그 기업에 맞는 특수한 계정이 있을 수 있다. 범용적으로 자주 사용되는 계정은 사채, 장기차입금, 순확정부채, 기타부채이다. 나머지 항목들은 실제 재무분석 등 회계정보를 이용하여 기업을 분석하거나 의사결정을 하는 데 거의 영향을 미치지 않는 항목들이다.

자본

자본은 자산에서 부채를 차감하고 남은 것을 의미한다. 그러나 그 자본 안에 세세한 내용들이 있다.

>**자산 − 부채 = 자본**

현대자동차 자본

(단위 : 백만원)

	2017년	2016년	2015년
자본			
자본금	1,488,993	1,488,993	1,488,993
자본잉여금	4,009,870	4,009,870	3,964,962
기타자본항목	(1,640,095)	(1,640,095)	(1,588,697)
기타포괄손익누계액	480,092	315,499	425,708
이익잉여금	49,885,558	48,405,444	45,405,798
자본총계	54,224,418	52,579,711	49,696,764

자본금은 자본잉여금과 같이 봐야 한다. 자본금은 법정 자본금을 의미하고, 자본잉여금은 회사 설립 시 주주들이 법정 자본금을 초과하여 납부한 금액을 말한다. 예를 들어 1주당 액면가가 5,000원인 회사

를 설립하는 데 주주들이 1주당 15,000원을 납부했다면, 액면가 5,000원은 자본금이 되고 나머지 10,000(15,000원 - 5,000원)원은 자본잉여금이 된다. 그러므로 회사 설립 초기에 자본금과 자본잉여금이 정해진다. 자본잉여금은 회사 설립 이후에 추가적인 자본 증액이 있을 경우에도 발생한다. 예를 들어 현대자동차의 1주당 액면가액은 5,000원이지만 증자가액이 100,000원(시가를 고려하여 증자가액이 결정됨)이라면 자본잉여금은 액면가 5,000원을 제외한 95,000원이 된다.

기타자본항목은 현대자동차가 자기주식을 처분하는 과정에서 발생하는 이익이다. 반대로 자기주식을 처분하는 과정에서 손실이 발생하더라도 기타자본항목에 기입한다. 기타포괄손익누계액은 유형자산 등을 시가평가하면서 발생하는 차익을 말한다. IFRS 기준에서는 유형자산을 매년 공정가치로 평가해야 한다. 만약 현대자동차가 보유한 유형자산이 작년에 1조원이었는데 올해 평가해 보니 1.5조원이 되었다고 하면 0.5조원은 기타포괄손익누계액에 반영된다. 이익잉여금은 현대자동차에서 획득한 당기순이익 중에 배당으로 지급하고 남은 이익들의 누계액을 말한다. 재무제표 활용 목적에서 중요한 자본 항목은 자본금, 자본잉여금, 이익잉여금이며, 나머지 항목들은 재무제표 활용 목적에서는 그 중요성이 떨어진다.

운전자산, 운전부채 개념

재무제표를 이용할 경우 운전자산과 운전부채에 대한 개념이 자주 언급된다. 운전자산과 운전부채는 말 그대로 기업을 운영하기 위해서 필수적으로 필요한 자산과 부채를 의미한다. 기업은 매일 영업활동을 한다. 기업은 제품을 만들고 이를 창고에 보관하며 고객에게 주문이 오면 이를 판매한다. 판매는 대부분 외상거래로 이루어진다. 이러한 사이클이 기업의 영업활동이다. 이 영업활동에서 기업이 제품을 만들어서 창고에 보관한 것을 재고자산이라고 한다. 이를 외상으로 판매하면 이는 매출채권이라고 한다. 제품 외 다른 것들을 판매했으나 대금을 수령하지 못했다면 이는 기타채권이라고 한다. 제품을 만들기 위해서 외상으로 원재료를 매입하면 매입채무가 되며, 이와 유사하게 다른 목적으로 무언가를 구입하였으나 외상으로 구입하면 미지급금이 된다.

운전자산은 재무상태표의 유동자산의 매출채권, 재고자산, 기타채권을 의미한다. 운전부채는 재무상태표의 미지급금, 매입채무를 의미한다. 운전자산의 합계에서 운전부채의 합계를 차감하면 이는 순운전자본이라고 할 수 있다. 2017년 현대자동차의 운전자산은 약 6.29조원이며 운전부채는 약 5.84조원이다. 운전자산에서 운전부채를 차감한 금액은 약 0.45조원이다. 이 금액을 순운전자본이라고 한다. 현대자동차의 2017년 순운전자본은 0.45조원으로 양수이다. 순운전자본이 양수인 것은 기업 운영을 위해서 그만큼의 자금이 지출된 것이고, 순운전자본이 음수인 것은 기업 운영으로 인해서 그만큼의 자금이 유입된 것이라고 볼 수 있다.

현금흐름표

손익계산서와 재무상태표는 회계기준으로 작성되었다. 회계적인

현금흐름표

(단위 : 백만원)

	2017년	2016년	2015년
영업활동으로 인한 현금흐름	4,721,004	4,969,587	7,608,673
영업으로부터 창출된 현금흐름	4,491,460	4,763,910	6,747,814
당기순이익	2,551,319	4,101,860	5,435,485
조정	3,470,836	2,477,581	2,167,590
영업활동으로 인한 자산·부채의 변동	(1,530,695)	(1,815,531)	(855,261)
이자의 수취	257,351	278,255	484,422
이자의 지급	(132,668)	(98,986)	(47,651)
배당금의 수취	988,286	1,486,232	1,479,875
법인세의 지급	(883,425)	(1,459,824)	(1,055,787)

투자활동으로 인한 현금흐름	(3,610,261)	(5,050,152)	(6,718,816)
단기금융상품의 순증감	(73,133)	(478,844)	(2,700,848)
기타금융자산(유동)의 순증감	62,466	(1,677,407)	4,307,591
기타채권의 증가	(207,226)	(130,597)	(66,848)
기타채권의 감소	195,882	119,280	47,920
장기금융상품의 증가	(197)		
기타금융자산(비유동)의 증가	(53,514)	(10,011)	(4,989)
기타금융자산(비유동)의 감소	44,211	409,772	5,864
유형자산의 취득	(2,031,993)	(1,900,849)	(7,045,949)
유형자산의 처분	94,307	69,762	40,740
무형자산의 취득	(1,275,907)	(1,104,705)	(1,087,288)
무형자산의 처분	1,957	7,589	3,720
종속기업, 공동기업 및 관계기업투자의 취득	(367,114)	(398,338)	(348,598)
종속기업, 공동기업 및 관계기업투자의 처분		44,196	129,869
재무활동으로 인한 현금흐름	(1,090,742)	(414,694)	(1,014,956)
단기차입금의 순증감	(191,775)	118,948	226,299
장기차입금 및 사채의 차입	180,528	1,154,080	469,053
장기차입금 및 사채의 상환		(346,627)	(309,380)
자기주식의 취득		(261,552)	(314,945)
배당금의 지급	(1,079,495)	(1,079,543)	(1,085,983)
현금및현금성자산의 증가(감소)	20,001	(495,259)	(125,099)
기초의 현금및현금성자산	88,021	583,280	708,379
기말의 현금및현금성자산	108,022	88,021	583,280

돈의 흐름과 실제 현금의 흐름은 다를 수 있다. 현금흐름표는 1년간 현금의 흐름이 어디서 발생하고 어디에 사용되었는지 보여주는 표이다.

현금흐름표는 크게 영업활동으로 인한 현금흐름, 투자활동으로 인한 현금흐름, 재무활동으로 인한 현금흐름으로 구분할 수 있다. 영업활동으로 인한 현금흐름은 말 그대로 현대자동차가 자동차를 제조하고 판매하는 과정에서 발생하는 현금흐름이다. 투자활동으로 인한 현금흐름은 현대자동차가 자동차를 제조, 판매 혹은 기타 목적으로 투자하는 과정에서 발생하는 현금흐름이다. 마지막으로 재무활동으로 인한 현금흐름은 현대자동차가 차입, 증자, 감자, 차입금 상환 등 자본거래를 통해서 발생하는 현금흐름이다.

현금흐름 요약

	내용
영업활동으로 인한 현금흐름	기업이 제품을 제조·판매하는 과정에서 발생
투자활동으로 인한 현금흐름	기업이 제품을 제조·판매 혹은 기타 목적으로 유·무형자산에 투자하는 과정에서 발생
재무활동으로 인한 현금흐름	기업의 차입, 증자, 감자, 차입금 상환 등 자본거래를 통해 발생

정상적인, 즉 영업활동에 문제가 없는 기업들은 현금흐름이 보통 영업활동에서 양수이고, 투자활동에서 음수이며, 재무활동에선 영업활동과 투자활동의 균형을 맞추는 현금흐름을 보여준다. 현대자동차는 영업활동에서 발생하는 현금흐름이 2017년에는 약 4.7조원이었고, 투자활동에서 발생한 현금흐름은 같은 기간 약 -3.6조원이었으며, 재무활동으로 인한 현금흐름은 약 -1.1조원이었다.

이를 해석하면, 현대자동차는 2017년에 영업을 잘 해서 영업활동에서 여유자금이 발생했고, 이러한 여유자금 발생을 유지하기 위해서 투자활동을 많이 했고, 그럼에도 불구하고 여유자금이 남아서 차입금을 상환했다고 할 수 있다.

영업활동현금흐름의 추정은 보통 당기순이익으로부터 시작한다. 당기순이익은 손익계산서상의 이익으로, 이는 회계이익이다. 이를 현금으로 변화시키기 위해서 조정사항을 통해 조정한다. 보통 조정사항은 그 내역이 길기 때문에 감사보고서의 주석사항으로 자세히 기록되어 있다. 조정사항의 가장 대표적인 항목이 감가상각비와 무형자산 상각비이다. 이 두 항목은 실제 현금이 지출되지 않지만 이익 계산 과정에서 비용으로 인식되어 이익을 줄여준다. 그러므로 이를 현금흐름으로 보여주기 위해서는 이 두 비용이 줄여준 이익만큼 다시 당기순이익에 가산시켜줘야 한다. 영업활동으로 인한 자산과 부채의 변동은 순운전자본의 변동으로 봐도 무방하다. 이자의 수취와 지급, 배당금의 수취와 지급은 보통 현대자동차가 너무 많은 현금을 보유하고 있기 때문에 발생한 것으로, 이들 현금의 운용으로부터 발생된 이자와 배당금이라고 볼 수 있다.

투자활동으로 인한 현금흐름에서 가장 중요한 것은 유형자산 및 무형자산의 취득과 처분이다. 유형자산의 취득은 현금이 지출되기 때문에 투자활동으로 인한 현금유출이고, 반대로 유형자산의 매각은 현금이 유입되기 때문에 투자활동으로 인한 현금유입이다. 나머지 금융상품들도 투자활동으로 인한 금융상품이기 때문에 금융상품을 구입하면 투자활동이 증가한 것이며, 이는 곧 현금의 유출이다. 반대로 금융상품을 매각하면 투자활동이 감소한 것이기 때문에 이는 곧 현금의 유입이다.

재무활동으로 인한 현금흐름에는 부채의 차입과 상환, 자본금의 증액과 감액, 배당금의 지급이 있다. 부채를 상환하면 기업의 현금이 기업 밖으로 유출되기 때문에 현금흐름은 마이너스가 되고, 부채를 차입하면 현금이 기업 안으로 유입되기 때문에 현금흐름은 플러스가 된다. 자본금 역시 증자를 하면 자본이 증액되어서 현금흐름이 유입되고, 감자는 자본금이 감액되어서 현금흐름이 유출된다. 배당금은 주주들에게 지급하는 배당이기 때문에 현금유출이다.

    영업활동으로 인한 현금흐름, 투자활동으로 인한 현금흐름, 재무활동으로 인한 현금흐름을 다 합하고 다시 기초의 현금을 합하면 이는 기말의 현금이 된다. 현금흐름표의 기말 현금은 재무상태표의 현금 및 현금등가물과 같은 금액이다. 2017년 현대자동차의 현금흐름표상 기말 현금은 108,022백만원이고 재무상태표의 현금 및 현금등가물 역시 108,022백만원이다. 현금흐름표의 모든 계정을 암기하는 것은 재무제표 이해와 활용이라는 측면에서는 비효율적이다. 현금흐름표에서는 영업활동현금흐름, 투자활동현금흐름, 재무활동현금흐름이라는 세 가지 큰 줄기만 암기하면 된다. 다음 장에서 살펴볼 추정재무제표와 재무제표 간의 연관관계를 배우면서 예제로 나온 재무제표들의 계정을 암기하고 이해하면 된다.

chapter 2 요약

- 주요 3대 재무제표는 손익계산서, 재무상태표, 현금흐름표이다.
- 연결재무제표는 지분구조를 중심으로 실질적으로 지배하는 계열회사까지 하나의 경제적 실제로 보아 재무제표를 작성한다. 반면에 개별재무제표는 지분구조에 관계없이 독립된 법인 각각을 하나의 회계 실체로 보아 재무제표를 작성한다.
- 공헌이익은 매출액에서 변동제조원가와 변동판매관리비를 차감한 이익이다.
- 자산이 1년 안에 현금화될 수 있으면 유동자산, 현금화되는 데 1년 이상이 소요되면 비유동자산이라고 한다.
- 1년 안에 채무를 지급하는 부채는 유동부채, 채무 지급까지 만기가 1년 이상이 남아 있으면 비유동부채라고 한다.
- 현금흐름표는 영업활동으로 인한 현금흐름, 투자활동으로 인한 현금흐름, 재무활동으로 인한 현금흐름으로 구분할 수 있다.

Chapter 3

추정재무제표 작성하기

손익계산서, 재무상태표, 현금흐름표는 서로 밀접하게 연결되어 하나의 회계시스템을 구성한다. 이러한 재무제표들이 상호 영향을 주면서 작성되는 회계시스템을 이해하면 재무제표에 대한 보다 깊은 이해를 할 수 있고, 나아가 이러한 회계정보를 경영 목적에 부합하게 활용하여 올바른 경영의사 결정을 할 수 있다.

[학습목표]

1. 엑셀을 활용하여 손익계산서, 재무상태표, 현금흐름표를 추정할 수 있다.
2. 손익계산서, 재무상태표, 현금흐름표가 서로 어떻게 영향을 주고받는지 그 관계를 이해할 수 있다.
3. 변동원가와 고정원가의 차이점을 이해할 수 있다.

재무제표를 이해하고 활용도를 높이기 위해서는 재무제표를 직접 작성하는 것이 가장 손쉬운 방법이다. 주요 재무제표인 손익계산서, 재무상태표, 현금흐름표를 직접 작성하면 이 3가지 재무제표들이 어떤 관계를 갖고 있는지 쉽게 이해할 수 있고, 업무에도 활용할 수 있을 것이다. 본서의 추정재무제표 작성 방법을 살펴보고 이를 이해해 보자.

손익계산서 작성하기

주요 재무제표 작성은 손익계산서 작성이 그 출발점이다. 손익계산서는 기업의 손익에 대해서 나타내 주기 때문에 이를 통해서 기업의 수익을 알 수 있다. 이는 다시 투하된 자산과 부채가 있는 재무상태표에 영향을 준다. 손익계산서와 재무상태표를 조합하여 현금흐름표를 작성하면 회계적인 이익의 흐름이 현금의 흐름으로 변환된다.

추정재무제표 작성을 위해서 가상의 유통기업인 한국마트를 예제로 사용하겠다. 한국마트는 이마트와 홈플러스 같은 유통업체이다. 2000년부터 영업을 해왔고 서울에만 4곳의 대형 할인마트가 있다. 한국마트는 다른 유통업체와 달리 한국마트에서 판매하는 모든 제품을 자신들이 직접 매입하고 자신들의 재고로 보유하며 영업을 하고 있다.

엑셀 프로그램을 열고 보기 메뉴로 가서 눈금줄 표시를 하지 않고 글씨 크기를 10으로 변경하면 엑셀 화면의 모든 글씨 크기가 10으로 변경된다. Sheet 1번의 이름을 가정이라는 이름으로 변경한다. 추정 재무제표를 작성하기 위해서는 미래 경제 및 기업 활동의 주요 변수들에 대한 가정이 필요하다. 그래서 가정 Sheet를 별도로 만들어 주고 이를 통해서 가정들을 변형시키면 재무제표들이 해당 가정에 따라서 변화하게 된다.

가정을 작성할 때는 크게 Macro 가정과 Micro 가정으로 구분할 수 있다. Macro 가정은 모든 기업에 동일하게 영향을 미치는 가정이다. 대표적으로 GDP 성장률, 물가성장률, 차입금리, 인건비 증가율이 있다. Micro 가정은 해당 기업에만 영향을 미치는 가정이다. 대표적으로 인원증가율, 매출액 증가율, 판매단가 증가율이 있다. 실무에서 Macro가정과 Micro 가정은 본 예제보다 더 많이 있을 수 있다. 그러므로 어떤 변수를 가정 Sheet에 입력할지는 추정재무제표를 작성하는 담당자가 결정하면 된다. 지금까지 서술한 내용을 기초로 〈그림 1〉과 같은 엑셀 화면을 작성할 수 있다.

〈그림 1〉 가정 Sheet 작성

	A	B	C	D	E	F
1	가정					
2						
3						
4			2018	2019	2020	2021
5	Macro	GDP 성장률	2.5%	2.5%	2.5%	2.5%
6		물가성장률	1.5%	1.5%	1.5%	1.5%
7		차입금리	4.5%	4.5%	4.5%	4.5%
8		인건비 증가율	3.0%	3.0%	3.0%	3.0%
9	Micro	인원증가율				
10		매출액 증가율				
11		판매단가 증가율				
12						

　보통 가정 Sheet에는 손익계산서, 재무상태표, 현금흐름표와 같은 주요 재무제표 전반에 영향을 미치는 변수를 모아 놓는다. 그러나 편의상 현재까지는 손익계산서를 추정하기 위한 주요 가정만 고려하였다. 앞으로 추정재무제표를 작성해 가면서 필요한 가정이 발생할 때마다 가정 Sheet를 업데이트할 예정이다. 글만 보고 추정재무제표를 학습하는 것은 매우 어려운 일이다. 독자들이 저자의 Youtube에 있는 학습예제를 보면서 따라하면 보다 손쉽게 재무제표를 이해하고 추정재무제표를 스스로 작성할 수 있게 될 것이다.

　가정에 대한 간략한 내용이 완료되면, 이제 매출액을 추정해야 한다. 손익계산서는 손익계산서의 가장 첫 항목인 매출액 추정부터 시작하여 아래로 내려와서 마지막에는 당기순이익을 추정하여 작성할 수 있다.

매출액을 추정하기 위해서는 한국마트의 주요 영업에 대해서 깊이 있는 이해가 필요하다. 한국마트는 서울에 4개의 대형 할인마트를 보유하고 있다. 자신들이 마트에서 판매하는 모든 제품을 직접 구매하여 판매한다. 즉, 마트에서 판매하는 모든 제품은 한국마트의 자산이며, 이 중 판매되지 않은 제품은 한국마트의 재고자산이라고 할 수 있다.

한국마트는 서울에 강북점, 강남점, 강서점, 강동점 총 4개의 마트를 운영하고 있다. 2018년 강북점의 매출액은 1,900억원, 강남점의 매출액은 1,700억원, 강동점의 매출액은 2,200억원, 강서점의 매출액은 2,300억원이다. 그러나 마트는 평소에 할인 행사를 한다. 각 영업점별로 연평균 할인율이 소매가 대비 5%라고 가정하였다. 이를 반영하였을 경우 2018년 한국마트의 매출액은 8,100억원이다. 2019년부터 2021년까지 한국마트의 매출액을 알기 위해서는 가정 Sheet의 매출액 증가율을 알아야 한다. 모든 마트의 매출액 증가율이 동일하다고 가정하였다. 2019년 강남점의 매출액은 2018년 매출액 × 2019년 매출액 증가율 × (1 − 할인율)이라는 식으로 계산하였다. 2020년과

2021년도 동일한 방법으로 매출액을 계산하였다. 그 결과 〈그림 2〉와 같은 매출액 Sheet를 만들었다.

〈그림 2〉 매출액 작성

	A	B	C	D	E	F	G
1	매출액						
2							
3						(단위 : 억원)	
4			2018	2019	2020	2021	
5	강남점	매출액	1,700	1,700	1,700	1,700	
6		할인율	5%	5%	5%	5%	
7		순매출액	1,615	1,615	1,615	1,615	
8	강북점	매출액	1,900	1,900	1,900	1,900	
9		할인율	5%	5%	5%	5%	
10		순매출액	1,805	1,805	1,805	1,805	
11	강동점	매출액	2,200	2,200	2,200	2,200	
12		할인율	5%	5%	5%	5%	
13		순매출액	2,090	2,090	2,090	2,090	
14	강서점	매출액	2,300	2,300	2,300	2,300	
15		할인율	5%	5%	5%	5%	
16		순매출액	2,185	2,185	2,185	2,185	
17	매출합계		8,100	8,100	8,100	8,100	
18							

매출액은 2018년부터 2021년까지 8,100억원으로 동일하다. 왜냐하면 우리가 가정 Sheet에서 매출액 증가분에 대해서 어떠한 가정도 하지 않았기 때문이다. Macro 가정에서 1년간 GDP 성장률이 매년 2.5%라고 가정했기 때문에 소비자들의 소비도 소득이 증가한 만큼 증가한다고 가정하였다. 이 경우 Micro 가정의 매출액 증가율은

GDP 증가율인 2.5%와 동일하게 가정하겠다.

가정 Sheet의 2018년부터 2021년의 매출액 증가율에 2.5%라는 숫자를 넣으면 엑셀 셀들이 서로 자동연결되어 있어서 2019년부터 2021년의 한국마트의 매출액도 같이 증가한다. 그 결과 한국마트의 2019년 매출액은 8,303억원으로 증가했고 2021년에는 8,723억원까지 증가하였다. 이 결과 매출액과 가정 Sheet는 〈그림 3〉과 〈그림 4〉와 같이 업데이트되었다.

〈그림 3〉 매출액 증가율을 반영한 가정 Sheet

	A	B	C	D	E	F
1	가정					
2						
3						
4			2018	2019	2020	2021
5	Macro	GDP 성장률	2.5%	2.5%	2.5%	2.5%
6		물가성장률	1.5%	1.5%	1.5%	1.5%
7		차입금리	4.5%	4.5%	4.5%	4.5%
8		인건비 증가율	3.0%	3.0%	3.0%	3.0%
9	Micro	인원증가율				
10		매출액 증가율	2.5%	2.5%	2.5%	2.5%
11		판매단가 증가율				
12						

〈그림 4〉 매출액 증가율을 반영한 매출액

	A	B	C	D	E	F
1	매출액					
2						
3						(단위 : 억원)
4			2018	2019	2020	2021
5	강남점	매출액	1,700	1,743	1,786	1,831
6		할인율	5%	5%	5%	5%
7		순매출액	1,615	1,655	1,697	1,739
8	강북점	매출액	1,900	1,948	1,996	2,046
9		할인율	5%	5%	5%	5%
10		순매출액	1,805	1,850	1,896	1,944
11	강동점	매출액	2,200	2,255	2,311	2,369
12		할인율	5%	5%	5%	5%
13		순매출액	2,090	2,142	2,196	2,251
14	강서점	매출액	2,300	2,358	2,416	2,477
15		할인율	5%	5%	5%	5%
16		순매출액	2,185	2,240	2,296	2,353
17	매출합계		8,100	8,303	8,510	8,723
18						

매출액 다음에는 매출원가의 추정이 필요하다. 매출원가는 한국마트가 매출을 발생시키기 위해 투입한 비용이라고 생각하면 된다. 원가는 크게 두 가지로 구분할 수 있다. 매출액이 증가하면서 같이 증가하는 변동원가와 매출액의 변동과는 관계없이 일정하게 발생하는 고정원가가 있다. 제품매입원가는 매출액이 증가할수록 같이 증가한다. 예를 들어 매출액이 1년에 1,000억원에서 1,500억원으로 증가했다면 이 매출을 발생시키기 위한 제품 매입도 같이 증가해야 한다. 그러므로 이러한 원가들을 변동원가라고 한다. 기업에서 발생하는 대표적인 변동원가는

마트의 경우 제품구입원가이며, 제조업의 경우 원재료구입비이다.

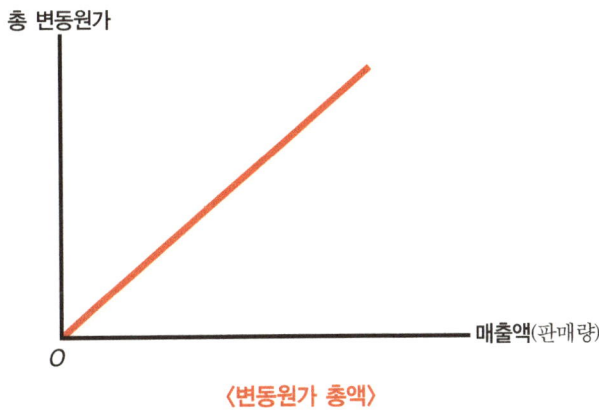

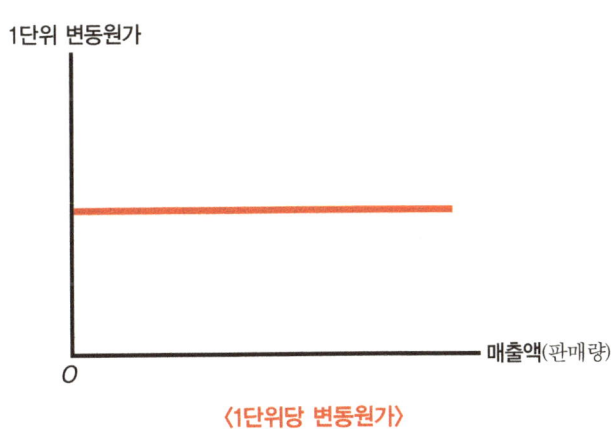

매출액이 증가할수록 총 변동원가는 증가한다. 예를 들어 한국마트에서 새우깡 1개를 850원에 매입해서 1,000원에 판매한다고 가정

하자. 새우깡 매출액이 늘어날수록 새우깡 구입액도 같이 증가하여 총 새우깡 구입액도 증가한다. 그러나 1단위당 변동원가는 매출액이 증가해도 변하지 않는다. 한국마트에서 새우깡 1개를 1,000원에 팔고, 이를 1개당 850원에 매입했다고 가정하자. 새우깡 10개를 팔아도 새우깡 1개당 매입원가는 850원임에는 변화가 없다. 그러므로 총 변동원가는 매출액이 증가하면서 같이 증가하지만 1단위당 변동원가는 매출액의 증가와 관계없이 일정하게 유지된다.

고정원가는 한국마트의 매출액 증가와 관계없이 발생하는 원가이다. 한국마트가 자신들이 보유하고 있는 4개의 마트 건물을 직접 건설하여 소유하고 있다고 가정하자. 이 경우 건물 등에 대한 투자로 인해서 매년 감가상각비가 발생한다. 이 감가상각비는 마트의 매출이 증가해도 혹은 감소해도 매년 거의 동일하게 발생한다. 이처럼 마트의 매출과 관련 없이 발생하는 원가를 고정원가라고 한다. 예를 들어 한국마트에서 연간 발생하는 감가상각비가 약 500억원이라고 가정하자. 총 감가상각비는 한국마트가 4개의 마트만을 유지한다는 조건에서는 매출액이 아무리 증가해도 혹은 감소해도 그 총액이 변하지 않는다. 그러나 1단위당 감가상각비는 매출액이 증가할수록 감소한다. 한국마트에서 1년에 새우깡 1개만을 판매했을 경우 감가상각비는 새우깡 1개당 500억원이다. 그러나 한국마트가 1년에 새우깡 500개를 판매하면 새우깡 1개당 감가상각비는 1억원이다. 이처럼 새우깡 판매량이 증가할수록 새우깡 1개당 감가상각비는 감소한다. 제품을 많이 판매할수록 제품 1개당 고정비의 금액도 같이 감소한다.

<그림 6> 매출액과 고정원가와의 관계

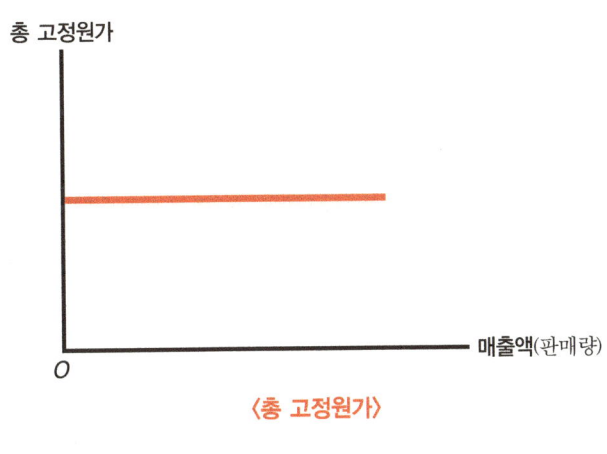

<총 고정원가>

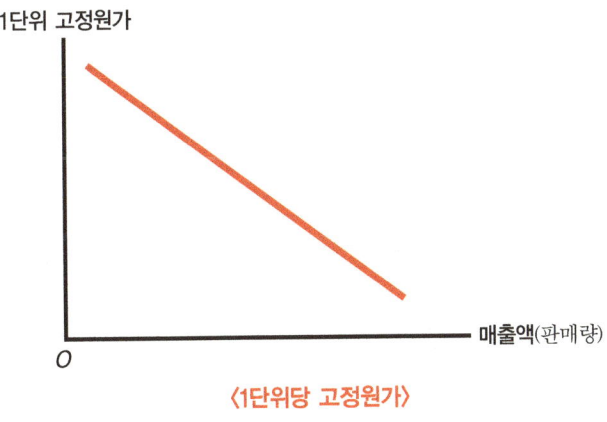

<1단위당 고정원가>

한국마트의 매출원가를 추정하는데 변동매출원가와 고정매출원가를 구분해서 추정하려고 한다. 강남점의 경우 매출액 대비 제품구입원가가 75%이고, 강북점은 73%, 강동점은 74%, 강서점은 82%이다. 제품구입원가 비율만 본다면 강북점이 가장 저렴하게 제품을 구입하고 있고 강서점이 제품구입 경쟁력이 가장 낮다고 볼 수 있다. 각 제품구입원가와 해당 마트의 매출액을 곱하면 해당 마트의 제품원가를 계산할 수 있다.

〈그림 7〉 매출원가 추정

	A	B	C	D	E	F
1	변동매출원가					
2						
3						(단위 : 억원)
4			2018	2019	2020	2021
5	강남점	제품 구입액	1,275	1,307	1,340	1,373
6		제품 구입율	75%	75%	75%	75%
7	강북점	제품 구입액	1,387	1,422	1,457	1,494
8		제품 구입율	73%	73%	73%	73%
9	강동점	제품 구입액	1,628	1,669	1,710	1,753
10		제품 구입율	74%	74%	74%	74%
11	강서점	제품 구입액	1,886	1,933	1,981	2,031
12		제품 구입율	82%	82%	82%	82%
13	총 제품구입액		6,176	6,330	6,489	6,651
14	총매출액		8,100	8,303	8,510	8,723
15	평균제품구입률		76.2%	76.2%	76.2%	76.2%
16						

이러한 마트별 제품구입액을 반영하면 위와 같이 제품구입원가를

추정할 수 있다. 마트를 운영하면서 발생할 수 있는 기타 원가로는 감가상각비, 전력비, 수도비, 인건비를 들 수 있다. 제품구입원가를 제외한 이러한 원가는 마트에서는 고정비와 동일하다고 볼 수 있다. 마트의 영업시간은 정해져 있다. 그 정해진 영업시간 동안 감가상각비, 전력비, 수도비, 인건비는 동일하게 발생한다. 마트 영업시간 동안 매출이 증가한다고 이러한 비용이 같이 증가하지 않고, 반대로 매출이 감소한다고 이러한 비용이 같이 감소하지 않는다. 그러므로 이러한 원가를 고정원가로 분류한다. 변동원가와 고정원가의 분류에는 절대적인 기준이 없다. 회계담당자 혹은 원가담당자가 해당 원가 움직임을 관찰하고 이에 대한 사업적 의미를 해석한 후에 변동원가로 혹은 고정원가로 분류하면 된다.

예를 들어 삼성전자에서 제조하는 반도체의 원가에는 전력비가 존재한다. 더 많은 반도체를 생산하기 위해서는 반도체 생산라인의 가동시간을 더 길게 가져가야 한다. 그러므로 반도체 라인에서 발생하는 전력비는 변동원가라고 할 수 있다. 그러나 마트의 입장에서는 영업시간이 정해져 있고 그 안에서 매출의 변화에 따른 전력비의 변화가 미미하거나 거의 없기 때문에 이를 고정비로 분류한다. 그러므로 같은 원가항목이라고 할지라도 사업의 특성에 따라 고정비로 분류될 수 있고 변동비로 분류될 수도 있다.

고정매출원가가 전력비, 수도비, 인건비만 있다고 가정하자. 한국마트 4개 지점의 총 1일 전력비는 0.4억원이라고 가정하고 마트는 1년 365일 휴무가 없다고 가정하자. 2018년 한국마트의 총 전력비는 1일 전력비 0.4억원 × 연간 운영일 365로 계산하면 약 146억원이다.

수도비 계산도 이와 동일하게 계산하면 된다. 한국마트 4개 지점의 1일 수도비는 0.1억원이며 연간 365일 운영한다면 2018년 한국마트의 수도비는 36.5억원이 발생한다. 인건비는 4개 지점의 총 인원의 평균 연봉이 3천만원이라고 가정하고, 매장 내에서 일하는 총 인원은 500명이라고 가정하였다. 연간 총 인건비는 1인당 연봉 3천만원 × 총 인원 500명의 수식으로 계산할 수 있다. 그 결과 총 인건비는 150억원으로 계산되었다.

전력비, 수도비, 인건비를 다 합하면 2018년 고정매출원가는 약 333억원이 발생하였다. 2021년까지 고정매출원가를 계산하기 위해서는 2019년부터 2021년까지 변수인 1일 전력비, 1일 수도비, 1인당 평균 연봉, 총 인원수에 대한 가정을 해야 한다. 2019년부터 전력비와 수도비가 물가상승률만큼 증가하고 인건비는 임금인상률만큼 증가한다고 가정하자. 인원수는 매년 1% 증가한다고 가정하자. 이러한 가정들을 앞서 제작한 가정 Sheet에 반영하면 다음과 같은 가정과 고정매출원가를 추정할 수 있다.

<그림 8> 고정매출원가

	A	B	C	D	E	F	G
1	고정매출원가						
2							
3							(단위 : 억원)
4			2018	2019	2020	2021	
5	전력비	1일 전력비	0.4	0.4	0.4	0.4	
6		총 영업일	365	365	365	365	
7		총전력비	146	148	150	153	
8	수도비	1일 수도비	0.1	0.1	0.1	0.1	
9		총 영업일	365	365	365	365	
10		총수도비	37	37	38	38	
11	인건비	1인당 연봉	0.3	0.3	0.3	0.3	
12		총인원수	500	500	500	500	
13		총인건비	150	155	159	164	
14	총 고정매출원가		333	340	347	355	
15							

<그림 9> 업데이트된 가정 Sheet

	A	B	C	D	E	F
1	가정					
2						
3						
4			2018	2019	2020	2021
5	Macro	GDP 성장률	2.5%	2.5%	2.5%	2.5%
6		물가성장률	1.5%	1.5%	1.5%	1.5%
7		차입금리	4.5%	4.5%	4.5%	4.5%
8		인건비 증가율	3.0%	3.0%	3.0%	3.0%
9	Micro	인원증가율	0%	1%	1.0%	1.0%
10		매출액 증가율	2.5%	2.5%	2.5%	2.5%
11		판매단가 증가율				
12						

추정 결과 고정매출원가는 2021년 360억원까지 증가한다. 현재까지 아직 마트가 보유한 건물에 대한 감가상각비는 추정하지 않았다. 감가상각비는 추후 재무상태표를 추정하면서 계산하겠다.

지금까지 매출액, 매출원가 추정을 완료하였다. 이제 추정할 내용은 판매관리비이다. 판매관리비는 한국마트를 운영하기 위해서 발생하는 비용이다. 한국마트 같은 유통산업의 경우 광고비가 가장 많고 그 다음이 마트 운영과 관련된 관리직 인건비이다. 학습 목적으로 판매관리비는 광고비와 본사 직원의 인건비만 존재한다고 가정하겠다.

판매관리비 역시 비용이기 때문에 변동비와 고정비로 분류가 가능하다. 광고비의 경우 매출이 증가하면 광고비도 같이 증가한다. 그러므로 광고비는 변동비로 분류하겠다. 관리직은 매출이 증가하거나 감소하더라도 큰 인원 변동을 보이지 않기 때문에 인건비는 큰 변화가 없다. 매출이 전년 대비 20% 증가했다 할지라도 한국마트의 사장은 1명이면 되고, 회계팀 직원 수는 변화가 필요하지 않다. 반대로 매출이 전년 대비 20% 감소했더라도 사장은 1명이며, 회계팀 직원의 인원 변동은 없을 것이다. 그러므로 광고비는 변동비, 관리직 인건비는 고정비로 분류하겠다.

<그림 10> 판매관리비

	A	B	C	D	E	F
1	판매관리비					
2						
3						(단위 : 억원)
4			2018	2019	2020	2021
5	광고비	매출액	8,100	8,303	8,510	8,723
6		광고비 지출비율	4%	4%	4%	4%
7		총광고비	324	332	340	349
8	인건비	1인당 연봉	0.6	0.6	0.6	0.7
9		총인원수	50	51	51	52
10		총 인건비	30	31	32	34
11	판매관리비		354	363	373	383
12						

광고비는 매출액 대비 4%를 지출한다고 가정하였다. 2018년 광고비는 2018년 매출액 × 4%로 추정하였다. 같은 방법으로 2021년까지 광고비를 추정하였다. 인건비는 1인당 관리직 연봉과 관리직 총 인원수를 곱해서 총 인건비를 계산하였다. 2019년부터 2021년까지 관리직 인건비도 인건비 상승률만큼 증가하고 총 관리직 인원도 매년 1% 증가한다고 가정하여 <그림 10>의 판매관리비를 작성하였다. 그 결과 2018년 판매관리비는 354억원이며, 2021년에는 383억원까지 증가하였다.

판매관리비의 모든 추정이 끝났고 이제 손익계산서의 양식대로 손익계산서를 작성하면 감가상각비를 제외한 영업이익을 계산할 수 있다. 현재까지 계산한 손익항목으로 손익계산서의 양식을 작성한 후에 이를 수식을 통해서 대입하면 〈그림 11〉과 같이 손익계산서를 작성할 수 있다.

〈그림 11〉 손익계산서

	A	B	C	D	E	F
1	손익계산서					
2						
3						(단위 : 억원)
4			2018	2019	2020	2021
5	매출액		8,100	8,303	8,510	8,723
6	매출원가		6,509	6,672	6,839	7,011
7	매출총이익		1,592	1,631	1,671	1,712
8	%		19.6%	19.6%	19.6%	19.6%
9	판매관리비		354	363	373	383
10	영업이익		1,238	1,268	1,298	1,330
11	%		15.3%	15.3%	15.3%	15.2%
12	기타손익					
13	금융손익					
14	법인세차감전이익					
15	법인세비용					
16	당기순이익					
17	%					

2018년은 감가상각비를 제외한 영업이익이 1,238억원이다. 동일한 방법으로 2021년까지 손익계산서상의 영업이익을 계산하였다.

손익계산서 작성 편의상 기타손익은 발생하지 않는다고 가정하겠다. 손익계산서를 완성하기 위해서 추정해야 할 부분은 감가상각비와 차입금과 관련된 이자비용이 있다. 학습 목적상 한국마트는 여유자금을 대출하지 않는다고 가정하였다. 즉, 금융손익과 관련해서 한국마트는 차입금에 대한 이자비용 지급만 있다고 가정하였다.

재무상태표 작성하기

감가상각비와 금융손익을 계산하기 위해서는 재무상태표의 유형자산과 무형자산 내역을 작성하고 이들이 어떻게 변해서 향후 이들 자산과 관련된 감가상각비가 얼마나 되는지 계산해야 한다. 금융손익역시 한국마트의 차입금 수준과 이에 대한 차입이자, 차입일, 만기에 대한 정보를 알아야 현재의 이자비용에 대해서 계산할 수 있으며, 향후 차입금 상환 스케줄에 따라 발생 가능한 이자비용을 추정할 수 있다.

재무상태표에는 크게 유동자산, 비유동자산, 유동부채, 비유동부채, 자본의 항목이 있다. 손익계산서를 완성하기 위해서는 비유동자산의 유형자산과 무형자산을 알아보고 이에 상응하는 감가상각비를 계산해야 한다. 그 이후에는 비유동부채 혹은 유동부채의 차입금 항목을 알아 보고 이에 상응하는 이자비용을 계산하겠다.

감가상각비 추정

한국마트는 토지, 건물, 구축물, 공구와 기구, 영업권을 보유하고 있다고 가정하자. 2018년부터 2021년까지 토지, 건물, 구축물, 공구와 기구, 영업권에 대해서 추가 투자 혹은 매각은 없다고 가정하였다. 2018년 1,000억원의 토지를 보유하고 있다. 토지는 감가상각 대상

〈그림 12〉 감가상각비

	A	B	C	D	E	F
1	감가상각비 (유/무형자산)					
2						
3						(단위 : 억원)
4			2018	2019	2020	2021
5	토지	기초가액	1,000	1,000	1,000	1,000
6		증가	0	0	0	0
7		처분	0	0	0	0
8		기말가액	1,000	1,000	1,000	1,000
9	건물	기초가액	2,500	2,500	2,500	2,500
10		증가	0	0	0	0
11		처분	0	0	0	0
12		내용년수	40	40	40	40
13		감가상각누계액	500	563	625	688
14		감가상각비	63	63	63	63
15		기말가액	2,500	2,500	2,500	2,500
16	구축물	기초가액	700	700	700	700
17		증가	0	0	0	0
18		처분	0	0	0	0
19		내용년수	20	20	20	20
20		감가상각누계액	200	235	270	305
21		감가상각비	35	35	35	35
22		기말가액	700	700	700	700
23	공구와기구	기초가액	200	200	200	200

자산이 아니므로 감가상각을 하지 않았다.

건물은 2,500억원의 기초가액이 있으며 앞으로 40년 동안 사용할 수 있다. 그러므로 건물의 감가상각비는 $\frac{2{,}500억}{40년}$ = 약 63억원이다. 즉, 건물과 관련해서 감가상각비는 매년 약 63억원 발생한다. 이와 유사하게 구축물은 기초가액이 700억원이고 앞으로 20년간 사용할 수 있다고 보았다. 그 결과 연간 감가상각비는 35억원이다. 공구와 기구도 이와 같은 방식으로 감가상각비를 계산하니 연간 20억원의 감가상각비가 발생한다. 건물, 구축물, 공구와 기구의 총 감가상각비는 2018년 118억원으로 계산하였다. 이러한 자산을 유형자산이라고 한다.

한국마트는 과거 강남점을 부산마트로부터 인수했고 당시 너무 높은 인수 프리미엄을 지급하여 그 프리미엄만큼 무형자산의 영업권으로 계상하였다. 이 영업권 금액은 1,500억원이며, 이는 앞으로 20년 동안 상각하기로 하였다. 그 결과 2018년 한국마트의 무형자산 상각비는 75억원이 발생하였다. 무형자산 상각비와 감가상각비를 합해서 편의상 감가상각비라고 부르겠다. 한국마트의 2018년 감가상각비는 총 193억이다. 2021년까지 유형자산과 무형자산의 매각과 투자가 예상되어 있지 않아 감가상각비는 2021년까지 매년 193억원이 발생한다. 이렇게 계산된 감가상각비를 고정매출원가에 반영하면 다음과 같이 고정매출원가를 추정할 수 있다.

〈그림 13〉 업데이트된 고정원가

		2018	2019	2020	2021
					(단위 : 억원)
전력비	1일 전력비	0.4	0.4	0.4	0.4
	총 영업일	365	365	365	365
	총전력비	146	148	150	153
수도비	1일 수도비	0.1	0.1	0.1	0.1
	총 영업일	365	365	365	365
	총수도비	37	37	38	38
인건비	1인당 연봉	0.3	0.3	0.3	0.3
	총인원수	500	505	510	515
	총인건비	150	156	162	169
감가상각비		193	193	193	193
총 고정매출원가		525	534	543	552

고정원가에 감가상각비 항목이 추가되었고 이로 인해서 기존의 고정원가보다 약 193억원의 고정비가 증가하여 2018년의 한국마트의 총 고정매출원가는 525억원이 되었다. 2021년에는 552억원까지 증가할 것이다.

감가상각비의 추가로 인해서 손익계산서도 다음과 같이 변경되었다. 2018년 영업이익은 1,045억원이며 2021년에는 1,137억원까지 증가할 것이다.

<그림 14> 감가상각비가 반영된 손익계산서

	A	B	C	D	E	F
1	손익계산서					
2						
3						(단위 : 억원)
4			2018	2019	2020	2021
5	매출액		8,100	8,303	8,510	8,723
6	매출원가		6,701	6,864	7,032	7,203
7	매출총이익		1,399	1,438	1,479	1,520
8	%		17.3%	17.3%	17.4%	17.4%
9	판매관리비		354	363	373	383
10	영업이익		1,045	1,075	1,106	1,137
11	%		12.9%	12.9%	13.0%	13.0%
12	기타손익					
13	금융손익					
14	법인세차감전이익					
15	법인세비용					
16	당기순이익					
17	%					
18						

금융손익 추정

한국마트는 여유자금을 사내에 유보하고 별도의 대출을 하지 않는다고 가정하였다. 그러므로 한국마트의 금융손익에는 금융수익은 없고 금융비용만 존재한다. 금융비용은 손익계산서에서 이자비용이라고 한다. 이는 재무상태표의 차입금 규모에 따라 변한다. 이자비용을 계산하기 위해서는 재무상태표의 차입금을 알고 이를 통해 이자비용을 계산해야 한다.

한국마트는 단기차입금, 장기차입금, 사채가 있다. 단기차입금의 이자율은 가정 Sheet에서 가정한 4.5%이다. 한국마트는 모든 차입금을 1월 1일에 차입하고 상환은 12월 31일에 한다. 단기차입금은 운영자금 목적으로 매년 동일한 금액을 상환하고 다시 동일한 금액을 차입한다.

장기차입금은 차입원금이 1,500억원이고 이자율은 단기차입금의 이자율보다 0.5% 높은 5%이다. 장기차입금 상환은 2020년 12월 31일에 1,500억원 전액을 상환한다. 사채는 2018년 현재 2,000억원이 있고, 사채이자율은 5%이며, 2021년 12월 31일에 2,000억원 전액을 상환하기로 하였다. 이에 따라 〈그림 15〉처럼 이자비용을 계산할 수 있다.

단기차입금의 차입기간은 1년이며, 이자율이 4.5%이고 실제 차입하는 기간도 365일이기 때문에 기초가액 × 이자율을 통해서 이자비용을 계산하였다. 장기차입금도 기초가액 × 이자율의 공식을 활용하여 매년 이자비용을 계산하였고, 사채 역시 동일한 방식으로 이자

〈그림 15〉 이자비용

	A	B	C	D	E	F
2						
3						(단위 : 억원)
4			2018	2019	2020	2021
5	단기차입금	기초	1000	1000	1000	1000
6		이자율	4.5%	4.5%	4.5%	4.5%
7		차입일수	365	365	365	365
8		상환	1000	1000	1000	1000
9		차입	1000	1000	1000	1000
10		기말금액	0	0	0	0
11		이자비용	45	45	45	45
12	장기차입금	기초	1500	1500	1500	0
13		이자율	5%	5%	5%	5%
14		차입일수	365	365	365	365
15		상환	0	0	1500	0
16		기말금액	1500	1500	0	0
17		이자비용	75	75	75	0
18	사채	기초	2000	2000	2000	2000
19		이자율	5%	5%	5%	5%
20		차입일수	365	365	365	365
21		상환	0	0	0	2000
22		기말금액	2000	2000	2000	0
23		이자비용	100	100	100	100
24	이자비용		220	220	220	145

비용을 계산하였다. 그 결과 2018년 한국마트의 이자비용은 220억원이고 2021년에는 차입금 상환에 따라 이자비용이 145억원으로 감소하였다.

법인세 계산

추정한 이자비용(금융손익)과 기타손익을 지금까지 작성한 손익계산서에 엑셀 수식으로 연결하면 법인세차감전순이익까지 손익계산서를 작성할 수 있다. 법인세는 기업의 이익규모에 따라 변경된다.

법인세율

과세표준	세율	누진공제
2억 이하	10%	없음
2억 초과 200억 이하	20%	2천만원
200억 이상	22%	4억 2천만원

어떤 기업이 법인세차감전순이익이 300억이라고 가정하면 다음과 같이 해당 기업의 법인세를 계산할 수 있다.

300억원 × 22% = 66억원
누진공제 4.2억원 차감하여 총 61.8억원

이는 누진공제라는 개념을 배제하고 다음과 같이 다른 방법으로 계산할 수도 있다.

$$2억원 \times 10\% = 0.2억원$$
$$198억원 \times 20\% = 39.6억원$$
$$+\ 100억원 \times 22\% = 22억원$$
$$\overline{\text{합계} \qquad 61.8억원}$$

위의 구간별 법인세 금액을 다 합하면 61.8억원이다. 한국마트의 법인세비용까지 추정하여 당기순이익을 계산하면 다음과 같다.

<그림 16> 한국마트 손익계산서

(단위 : 억원)

	2018	2019	2020	2021
매출액	8,100	8,303	8,510	8,723
매출원가	6,701	6,864	7,032	7,203
매출총이익	1,399	1,438	1,479	1,520
%	17.3%	17.3%	17.4%	17.4%
판매관리비	354	363	373	383
영업이익	1,045	1,075	1,106	1,137
%	12.9%	12.9%	13.0%	13.0%
기타손익	0	0	0	0
금융손익	-220	-220	-220	-145
법인세차감전이익	825	855	886	992
법인세비용	177	184	191	214
당기순이익	648	671	695	778
%	8.0%	8.1%	8.2%	8.9%

2018년 한국마트의 당기순이익은 648억원이며 2021년에는 778억원까지 증가할 것으로 예상한다.

본격적으로 재무상태표를 작성하기 위해서는 작성하려는 재무상태표의 양식을 먼저 확정해야 한다. 한국마트는 유동자산으로 현금

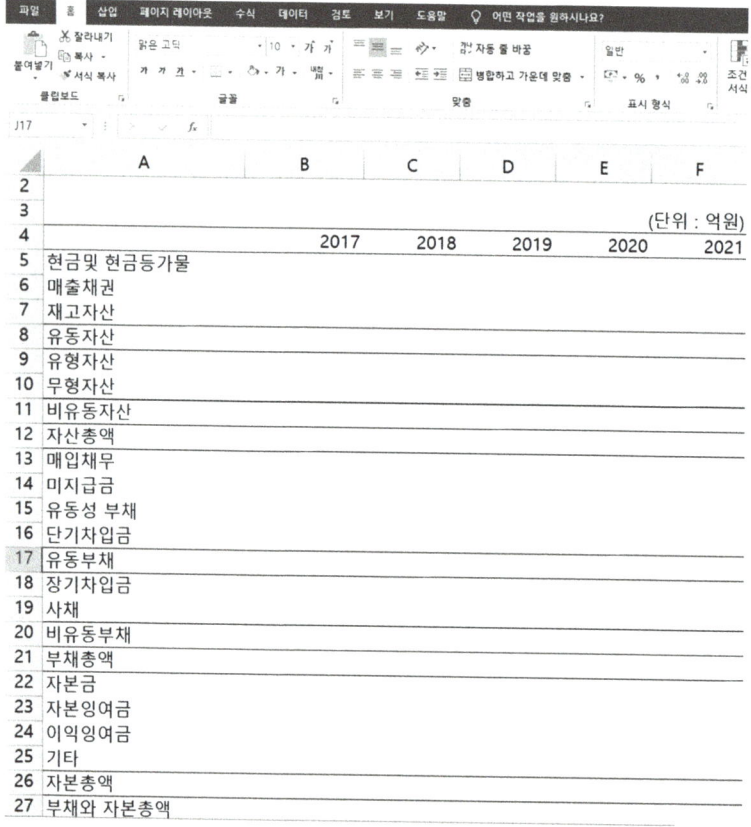

〈그림 17〉 재무상태표 양식

및 현금등가물, 매출채권, 재고자산만 보유한다고 가정하였다. 비유동자산으로는 유형자산과 무형자산만 있다고 가정하였다. 유동부채로는 매입채무, 미지급금, 단기차입금만 보유한다고 가정하였다. 비유동부채는 장기차입금과 사채만 보유한다고 가정하였다. 자본항목은 자본금, 자본잉여금, 이익잉여금, 기타 항목만 존재한다고 가정하였다. 이를 토대로 〈그림 17〉과 같이 재무상태표의 양식을 작성하였다.

우리는 이미 손익계산서를 작성하면서 재무상태표의 일부 계정을 이미 작성하였다. 우리는 감가상각비 계산을 하기 위해서 유형자산과 무형자산의 작성을 이미 완료하였다. 금융손익을 계산하기 위해 단기차입금, 장기차입금, 사채에 대해서 이미 2021년까지 추정을 완료하였다. 자산과 부채 항목 중에서 우리가 추가로 추정해야 할 항목은 현금 및 현금등가물, 매출채권, 재고자산, 매입채무, 미지급금이다. 이 중에서 현금 및 현금등가물은 현금흐름표를 통해 추정할 수 있기 때문에 현금흐름표 추정에서 현금 및 현금등가물을 추정하겠다.

현금 및 현금등가물을 제외하면 매출채권, 재고자산, 매입채무, 미지급금이 남는다. 이를 다른 말로 하면 운전자본이라고 한다. 그러므로 운전자본을 추가로 계산하면 된다. 운전자본은 회전율의 개념을 활용하여 계산할 수 있다. 예를 들어 매출채권 회전율이 12회라고 하면 이는 1년에 매출채권이 현금으로 12번 변화한다는 것과 같은 의미이다. 이 말을 다시 해석하면 매출이 일어나면 1년에 매출채권이 12번 현금으로 전환된다는 의미이다. 이는 곧 매출이 일어나서 현금으로 돌아오기까지 한 달이 걸린다는 것으로 해석할 수 있다. 재고자산 역시 회전율이 12회라면 재고자산을 한 달 안에 이전 재고만큼 구입한다는 의미이다. 매출채권 회전율이 6회라는 것은 두 달에 한 번씩 매입채무에 대해서 대금결제를 한다는 것과 동일하다. 이러한 회전율의 개념을 통해서 운전자본을 계산할 수 있다.

한국마트의 과거 통계를 보니 매출채권의 연간 회전율은 12회이며, 재고자산의 연간 회전율은 6회이다. 매입채무는 정책적으로 1년에 6회전 하게끔 대금을 지급하고 미지급금은 1년에 7회전 하게끔 대금을 지급하는 정책을 유지했다고 가정하자. 매출채권과 재고자산은 매출과 관련된 항목이기 때문에 매출액 대비 회전율을 적용하여 그 금액을 계산하였다. 유사하게 매입채무와 미지급금은 매출원가와 관련된 항목이기 때문에 매출원가 대비 회전율을 적용하여 그 금액을 계산하였다.

<그림 18> 운전자본 계산

		2018	2019	2020	2021
매출채권	매출액	8,100	8,303	8,510	8,723
	회전율	12	12	12	12
	매출채권금액	675	692	709	727
재고자산	매출액	8,100	8,303	8,510	8,723
	회전율	6	6	6	6
	재고자산금액	1,350	1,384	1,418	1,454
매입채무	매출원가	6,701	6,864	7,032	7,203
	회전율	6	6	6	6
	매입채무금액	1,117	1,144	1,172	1,201
미지급금	매출원가	6,701	6,864	7,032	7,203
	회전율	7	7	7	7
	미지급금금액	957	981	1,005	1,029

(단위 : 억원)

그 결과 2018년 매출채권은 675억원, 재고자산은 1,350억원, 매입채무는 1,117억원, 미지급금은 957억원이 있다. 이 금액들은 매출액이 증가하면서 같이 증가한다. 그 결과 2021년 매출채권은 727억원, 재고자산은 1,454억원, 매입채무는 1,201억원, 미지급금은 1,029억원으로 증가하였다. 이렇게 계산한 운전자본을 재무상태표의 각 항목에 연결시키면 된다. 추가로 이미 계산한 유형자산, 무형자산, 단기차입금, 장기차입금, 사채를 재무상태표에 연결시키면 다음과 같은 재무상태표를 얻을 수 있다.

<그림 19> 재무상태표

	A	B	C	D	E	F
3						(단위 : 억원)
4		2017	2018	2019	2020	2021
5	현금및 현금등가물	1,423	2,312	3,175	2,563	1,533
6	매출채권	600	675	692	709	727
7	재고자산	1,300	1,350	1,384	1,418	1,454
8	유동자산	3,323	4,337	5,251	4,690	3,714
9	유형자산	3,778	3,660	3,543	3,425	3,308
10	무형자산	1,500	1,425	1,350	1,275	1,200
11	비유동자산	5,278	5,085	4,893	4,700	4,508
12	자산총액	8,600	9,422	10,143	9,390	8,221
13	매입채무	1,000	1,117	1,144	1,172	1,201
14	미지급금	900	957	981	1,005	1,029
15	유동성 부채	0	0	1,500	2,000	0
16	단기차입금	0	0	0	0	0
17	유동부채	1,900	2,074	3,625	4,176	2,230
18	장기차입금	1,500	1,500	0	0	0
19	사채	2,000	2,000	2,000	0	0
20	비유동부채	3,500	3,500	2,000	0	0
21	부채총액	5,400	5,574	5,625	4,176	2,230
22	자본금					
23	자본잉여금					
24	이익잉여금					
25	기타					
26	자본총액					
27	부채와 자본총액					

재무상태표 나머지 부분을 채우기 위해서는 현금 및 현금등가물, 자본금, 자본잉여금, 이익잉여금, 기타 항목을 알아야 한다. 이 부분은 현금흐름표 작성 후에 같이 작성하겠다.

현금흐름표 작성하기

현금흐름표를 작성하기 위해서는 재무상태표와 동일하게 현금흐름표 양식을 우선적으로 작성해야 한다. 현금흐름표의 큰 틀은 영업활동현금흐름, 투자활동현금흐름, 재무활동현금흐름, 기초의 현금, 현

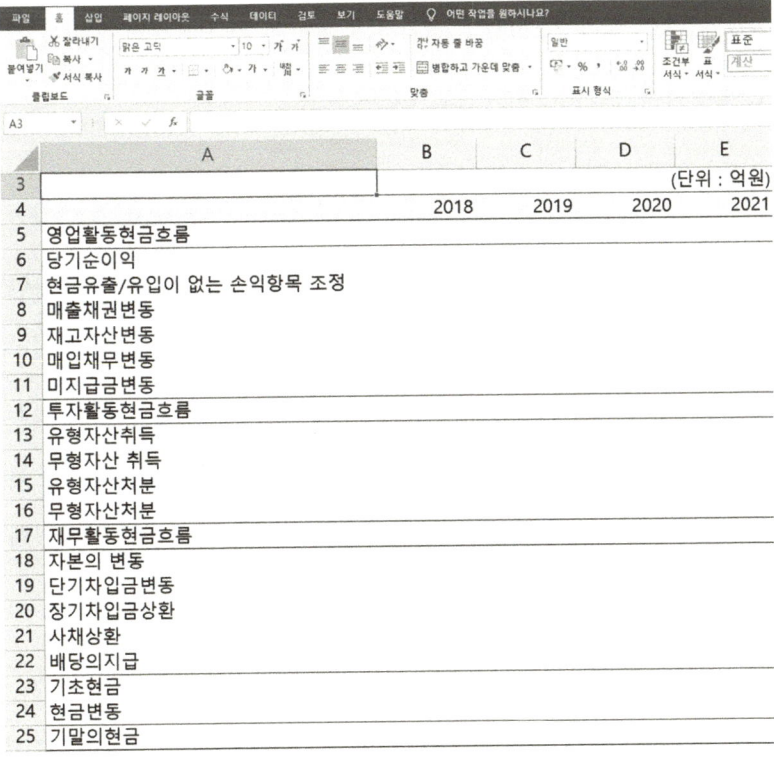

〈그림 20〉 현금흐름표 양식

금의 변화, 기말의 현금이다. 이를 반영하여 현금흐름표의 양식을 〈그림 20〉과 같이 작성하였다.

영업활동현금흐름을 추정하기 위해서는 당기순이익에서 시작해야 한다. 당기순이익을 기준으로 현금유출입이 없는 손익항목을 조정해야 한다. 한국마트 예제에서 현금유출이 없는 손익항목은 감가상각비가 유일하다. 그러므로 현금유출입이 없는 손익항목에 감가상각비를 대입하면 된다. 그리고 운전자본의 변동은 현금 유출과 유입을 계산하면 알 수 있다.

운전자본이 증가한 것은 현금의 유출이며, 운전자본이 감소한 것은 현금의 유입이다. 현금을 지불하고 자산을 취득해야 자산이 증가한다. 그러므로 운전자산의 증가는 현금의 유출이다. 유사하게 부채가 증가한다는 것은 외부로부터 자금이 기업으로 유입된다는 의미이다. 따라서 운전부채가 증가한다는 것은 현금이 증가한다는 것이며, 운전부채가 감소한다는 것은 부채의 상황과 동일하게 현금이 움직이기 때문에 현금이 감소한다는 것을 뜻한다.

투자활동현금흐름은 주로 유형자산과 무형자산의 처분과 취득으로 구분할 수 있다. 한국마트의 예제에서 투자활동이라고 할 수 있는 것은 재무상태표에 있는 운전자산과 부채를 제외한 자산이다. 이 자산에는 유형자산과 무형자산만 있기 때문에 투자활동현금흐름은 유형자산과 무형자산의 취득과 처분이라고 볼 수 있다.

재무활동으로 발생하는 현금흐름에는 차입금의 상환과 차입, 자본금의 증액 혹은 감자가 있으며, 배당금 지급도 재무활동으로 발생하는 현금흐름이다. 한국마트는 단기차입금의 경우 매년 상환과 차입이 동일한 금액으로 발생한다. 장기차입금과 사채에서는 추가적인 차입은 없고 상환만 계획하고 있다. 자본금을 증액하는 계획은 없으며 당기순이익이 발생하더라도 배당할 계획은 없다고 가정하였다.

2018년 현금흐름표를 작성하기 위해서는 2017년 재무상태표가 있어야 한다. 2018년의 자산의 증가와 부채에 따른 현금유입은 2018년의 자산/부채와 2017년의 자산/부채의 크기를 비교해야 알 수 있다. 한국마트의 2017년 재무상태표가 〈그림 21〉과 같다고 가정하겠다.

〈그림 21〉 한국마트 재무상태표

	A	B	C	D	E	F	G
4		2017	2018	2019	2020	2021	
5	현금및 현금등가물	1,423					
6	매출채권	600	675	692	709	727	
7	재고자산	1,300	1,350	1,384	1,418	1,454	
8	유동자산	3,323	2,025	2,076	2,128	2,181	
9	유형자산	3,778	3,660	3,543	3,425	3,308	
10	무형자산	1,500	1,425	1,350	1,275	1,200	
11	비유동자산	5,278	5,085	4,893	4,700	4,508	
12	자산총액	8,600	7,110	6,968	6,828	6,688	
13	매입채무	1,000	1,117	1,144	1,172	1,201	
14	미지급금	900	957	981	1,005	1,029	
15	유동성 부채	0	0	1,500	2,000	0	
16	단기차입금	0	0	0	0	0	
17	유동부채	1,900	2,074	3,625	4,176	2,230	
18	장기차입금	1,500	1,500	0	0	0	
19	사채	2,000	2,000	2,000	0	0	
20	비유동부채	3,500	3,500	2,000	0	0	
21	부채총액	5,400	5,574	5,625	4,176	2,230	
22	자본금	1,200	1,200	1,200	1,200	1,200	
23	자본잉여금	2,000	2,000	2,000	2,000	2,000	
24	이익잉여금	0	648	1,319	2,014	2,792	
25	기타	0	0	0	0	0	
26	자본총액	3,200	3,848	4,519	5,214	5,992	
27	부채와 자본총액	8,600	9,422	10,143	9,390	8,221	
28							
29		-	2,312	3,175	2,563	1,533	

　한국마트는 2017년 기준으로 총자산이 8,600억원이다. 자본은 자본금이 1,200억원, 자본잉여금이 2,000억원, 이익잉여금과 기타 항목은 0이다. 한국마트의 2017년 말 현금 및 현금등가물은 약 683억원이다. 이는 2018년 현금흐름표상의 기초 현금 및 현금등가물의 금액이다. 주어진 2017년의 재무상태표를 이용해 한국마트의 2018년 현금흐름표를 작성할 수 있다.

영업활동현금흐름 계산

한국마트 영업활동현금흐름은 당기순이익에 감가상각비를 더한 금액을 기본으로 운전자산과 운전부채의 변동금액을 반영한다. 예를 들어 2018년 매출채권 변동은 2017년 매출채권과 2018년 매출채권의 차이이다. 2018년의 매출채권 금액이 2017년 매출채권 금액보다

〈그림 22〉 영업활동현금흐름 추정

(단위 : 억원)

	A	B	C	D	E
3					
4		2018	2019	2020	2021
5	영업활동현금흐름	889	863	887	970
6	당기순이익	648	671	695	778
7	현금유출/유입이 없는 손익항목 조정	193	193	193	193
8	매출채권변동	-75	-17	-17	-18
9	재고자산변동	-50	-34	-35	-35
10	매입채무변동	117	27	28	29
11	미지급금변동	57	23	24	25
12	투자활동현금흐름				
13	유형자산취득				
14	무형자산 취득				
15	유형자산처분				
16	무형자산처분				
17	재무활동현금흐름				
18	자본의 변동				
19	단기차입금변동				
20	장기차입금상환				
21	사채상환				
22	배당의지급				
23	기초현금				
24	현금변동				
25	기말의현금				

75억원 많기 때문에 이 금액은 자산의 증가이며, 현금유출로 간주한다. 이와 동일하게 운전자산과 운전부채의 변화에 따라 현금의 증감을 계산하면 된다.

투자활동현금흐름의 유형자산과 무형자산 변동 역시 2017년과 2018년의 재무상태표에 있는 금액의 차이를 보면 된다. 한국마트의 경우 추가적인 자산의 처분과 매입이 없기 때문에 금액의 차이에 변화가 없다. 재무활동의 현금흐름에서는 자본의 변동도 없고 단기차입금의 변동도 없다. 다만 장기차입금의 상환과 사채의 상환이 있을 뿐이다. 기초현금은 2017년 말 재무상태표에 있는 현금과 현금등가물을 수식으로 물고 들어오면 된다. 현금의 변동은 영업활동현금흐름, 투자활동현금흐름, 재무활동현금흐름을 모두 합한 금액이다. 이를 다시 기초의 현금과 더해주면 기말의 현금을 계산할 수 있다.

이러한 거래들을 반영하여 다음과 같은 현금흐름표를 추정하였다. 현금흐름표를 통해서 우리는 회계적인 이익들이 현금으로 어떻게 변환되는지를 볼 수 있었다. 추가로 현금흐름표를 통해서 기말의 현금을 추정하고 이를 다시 재무상태표의 현금 및 현금등가물에 연결시키면 재무상태표도 작성이 완료된다.

<그림 23> 현금흐름표 추정

(단위 : 억원)

	A	B	C	D	E
4		2018	2019	2020	2021
5	영업활동현금흐름	889	863	887	970
6	당기순이익	648	671	695	778
7	현금유출/유입이 없는 손익항목 조정	193	193	193	193
8	매출채권변동	-75	-17	-17	-18
9	재고자산변동	-50	-34	-35	-35
10	매입채무변동	117	27	28	29
11	미지급금변동	57	23	24	25
12	투자활동현금흐름	0	0	0	0
13	유형자산취득	0	0	0	0
14	무형자산 취득	0	0	0	0
15	유형자산처분	0	0	0	0
16	무형자산처분	0	0	0	0
17	재무활동현금흐름	0	0	-1,500	-2,000
18	자본의 변동	0	0	0	0
19	단기차입금변동	0	0	0	0
20	장기차입금상환	0	0	-1,500	0
21	사채상환	0	0	0	-2,000
22	배당의지급	0	0	0	0
23	기초현금	1,423	2,312	3,175	2,563
24	현금변동	889	863	-613	-1,030
25	기말의현금	2,312	3,175	2,563	1,533

2018년 기말의 현금은 2,312억원이며 2019년에는 3,175억원이다. 그러나 2020년에는 장기차입금 상환으로 인해 기말의 현금은 2,563억원으로 감소하고 2021년 사채의 상환으로 2021년의 기말 현금도 1,533억원으로 감소한다. 이러한 기말 현금금액을 재무상태표의 매년 현금 및 현금등가물에 연결시켜 주면 재무상태표의 추정도 완료된다.

〈그림 24〉 재무상태표

(단위 : 억원)

	A	B	C	D	E	F
4		2017	2018	2019	2020	2021
5	현금및 현금등가물	1,423	2,312	3,175	2,563	1,533
6	매출채권	600	675	692	709	727
7	재고자산	1,300	1,350	1,384	1,418	1,454
8	유동자산	3,323	4,337	5,251	4,690	3,714
9	유형자산	3,778	3,660	3,543	3,425	3,308
10	무형자산	1,500	1,425	1,350	1,275	1,200
11	비유동자산	5,278	5,085	4,893	4,700	4,508
12	자산총액	8,600	9,422	10,143	9,390	8,221
13	매입채무	1,000	1,117	1,144	1,172	1,201
14	미지급금	900	957	981	1,005	1,029
15	유동성 부채	0	0	1,500	2,000	0
16	단기차입금	0	0	0	0	0
17	유동부채	1,900	2,074	3,625	4,176	2,230
18	장기차입금	1,500	1,500	0	0	0
19	사채	2,000	2,000	2,000	0	0
20	비유동부채	3,500	3,500	2,000	0	0
21	부채총액	5,400	5,574	5,625	4,176	2,230
22	자본금	1,200	1,200	1,200	1,200	1,200
23	자본잉여금	2,000	2,000	2,000	2,000	2,000
24	이익잉여금	0	648	1,319	2,014	2,792
25	기타	0	0	0	0	0
26	자본총액	3,200	3,848	4,519	5,214	5,992
27	부채와 자본총액	8,600	9,422	10,143	9,390	8,221

2018년 재무상태표의 총자산은 8,600억원이며, 부채는 5,400억원, 자본은 3,200억원이다. 이 금액들은 매년의 영업활동으로 변동해서 2021년에 총자산은 8,221억원으로 감소하고, 부채 역시 2,230억원으로 감소한다. 그러나 꾸준한 이익이 있음에도 배당을 하지 않았

기 때문에 자본총액은 5,992억원으로 증가가 예상된다.

　　한국마트 예제를 통해서 우리는 2018년부터 2021년까지의 한국마트 손익계산서, 재무상태표, 현금흐름표의 추정을 완료하였다. 추정재무제표 작성을 통해서 재무제표들과 각 재무제표들의 세부 계정이 서로 어떠한 관계를 갖고 움직이는지 알 수 있다. 추정재무제표 작성으로 재무제표에 대한 기본 이해뿐만 아니라 이들이 상호 어떤 연관이 있는지 알 수 있다. 본서로 이를 습득하여 자기 것으로 만들기에는 어려움이 존재하여 유튜브에 추정재무제표를 작성하는 예제를 별도로 제공하고 있다. 이 예제를 바탕으로 독자들이 처음부터 추정재무제표 작성하는 것을 따라하면 누구나 쉽게 회계정보의 흐름과 주요 재무제표들의 연관관계를 알 수 있을 것이다.

chapter 3 요약

- 추정재무제표를 작성하기 위해서는 손익계산서의 위에서부터 아래의 순서로 작성해야 한다. 매출을 추정하고, 이에 상응하는 매출원가, 판매관리비, 기타손익, 법인세비용을 계산한 후에 당기순이익을 계산한다.
- 재무제표는 운전자산, 운전자본을 계산하고, 유형자산의 감가상각 스케줄을 계산하여 감가상각비를 계산함과 동시에 유형자산의 각 계정별 금액을 추정한다.
- 비유동부채의 사채, 차입금의 추정은 이들의 상환 스케줄을 작성하여 이자비용은 물론 해당 계정의 금액도 추정한다.
- 현금흐름표는 영업활동현금흐름, 재무활동현금흐름, 투자활동현금으로 구분하여, 손익계산서, 재무상태표의 계정을 활용하여 현금흐름표 작성은 물론 기말 현금흐름을 추정한다.
- 현금흐름표는 영업활동으로 인한 현금, 투자활동으로 인한 현금, 재무활동으로 인한 현금으로 구분할 수 있다.

Chapter 4
재무분석

손익계산서, 재무상태표, 현금흐름표의 각 계정 내용을 조합하여 다양한 재무비율 분석을 할 수 있다. 재무비율 분석을 통해서 기업의 성장성, 안정성, 수익성, 활동성에 대해서 분석할 수 있다. 분석된 결과를 바탕으로 분석하려는 기업의 과거는 물론 미래의 경영성과까지 추정하여 목적에 맞는 의사결정에 활용할 수 있다.

[학습목표]

1. 안정성 지표에 해당하는 지표를 계산하고 이에 대한 의미를 해석할 수 있다.
2. 수익성 지표에 해당하는 지표를 계산하고 이에 대한 의미를 해석할 수 있다.
3. 성장성 지표에 해당하는 지표를 계산하고 이에 대한 의미를 해석할 수 있다.
4. 활동성 지표에 해당하는 지표를 계산하고 이에 대한 의미를 해석할 수 있다.
5. 재무비율을 종합적으로 활용하여 어떠한 기업이든 그 기업의 경영성과에 대한 전망을 할 수 있다.

회계 담당자는 매일 일어나는 거래를 장부에 기입하고 이를 통해 최종적으로 재무제표를 작성한다. 회계 담당자는 손익계산서, 재무상태표, 현금흐름표 같은 재무제표를 작성하고 이를 내부 정보이용자인 경영진과 외부 정보이용자인 주주, 채권자, 정부, 일반 대중에게 보고한다. 우리는 이러한 재무제표를 통해서 기업의 과거, 현재를 이해할 수 있고 나아가 미래를 예상해 볼 수 있다. 재무제표의 내용들을 결합하여 우리는 재무비율을 분석할 수 있다. 재무비율을 통해서 우리는 기업의 성장성, 수익성, 안정성, 활동성에 대한 정보를 얻을 수 있다. 이렇게 얻어진 정보를 통해서 우리가 분석하려는 기업을 더 잘 이해할 수 있다. 우리가 분석하고자 하는 기업과 경쟁기업 혹은 유사기업의 재무비율을 같이 분석하면서 우리가 분석하려는 기업을 더 잘 알 수 있다. 예를 들어 우리가 분석하려는 기업의 부채비율이 200%라고 가정하자. 200%라는 수치가 높은 수치인지 낮은 수치인지 절대적인 수치만을 보고 우리는 판단할 수 없다. 200%가 높은지 낮은지는 우리가 분석하려는 기업과 유사한 기업들과 비교하면서 판단할 수 있다. 여기서는 이마트를 비교대상으로 선정하고 이마트의 각종 재무비율을 홈플러스, 롯데쇼핑과 비교하면서 이마트의 경영성과에 대해서 분석해 보겠다.

SECTION 1
안정성 지표

안정성 지표는 기업이 재무적으로 얼마나 안정적인가를 보여주는 지표이다. 1997년 11월 우리나라는 많은 기업이 부도를 맞으며 IMF 체제라는 경제위기를 경험했다. IMF 직전인 1996년 우리나라 30대 기업의 부채비율은 약 355%였다. 2018년 2분기 주요 상장사 100개사의 부채비율은 약 98%이다. 높은 부채비율은 경제상황이 악화되었을 경우 기업에게 엄청난 부담을 주게 된다. 그러므로 기업을 분석하는 데 있어 안정성 지표는 기업이 위기에 처했을 때 이를 얼마나 잘 버틸 수 있는지 보는 지표이다. 안정성 지표가 좋은 기업들은 경제위기가 오더라도 이를 잘 버텨낼 수 있고 안정성 지표가 나쁜 기업들은 일시적인 외부 충격에도 쉽게 무너질 수 있다.

유동비율

유동비율은 유동자산을 유동부채로 나눈 값이다. 유동비율값이 높을수록 안정성이 높다고 볼 수 있다. 유동자산은 1년 안에 현금화할 수 있는 자산이며, 유동부채는 1년 이내에 갚아야 할 부채이다. 그러므로 유동비율이 1보다 크다는 의미는 1년 안에 갚을 돈보다 받을 돈이 더 많다는 의미이다.

$$유동비율 = \frac{유동자산}{유동부채} \times 100$$

유통 3사 유동비율

	2013년	2014년	2015년	2016년	2017년
이마트	36.7%	38.7%	37.2%	43.5%	45.0%
홈플러스	41.5%	25.0%	48.3%	48.7%	70.7%
롯데쇼핑	115.9%	119.5%	134.2%	126.5%	73.7%

출처 : 각 사 재무제표.

이마트는 2013년부터 2017년까지 유동비율이 상승하는 추세이고 홈플러스도 유동비율이 상승하는 추세이나 롯데쇼핑은 유동비율이 감소하고 있다. 2013년을 보면 이마트의 유동비율은 약 36.7%로 가장 낮았으며, 롯데쇼핑의 유동비율은 115.9%로 가장 높았다. 시간이 흐르면서 이마트는 유동비율이 높아지는 추세로 변했으나 롯데쇼핑은 유동비율이 낮아지는 추세로 변했다. 유통 3사의 유동비율을 비교해 보면 롯데쇼핑이 극단적으로 높은 편이다. 유동비율만 본다면 롯데쇼핑이 가장 안정성이 높다고 볼 수 있다.

그러나 유동비율을 분석할 경우 단순히 유동비율 수치만을 봐서는 안 된다. 유동자산 중에 현금, 매출채권, 재고자산은 주로 기업의 일상적인 영업활동과 관계가 깊은 자산이다. 유동부채에서도 미지급금, 매입채무는 기업의 일상적인 영업활동과 관계가 깊은 부채이다. 이러한 자산과 부채를 통틀어서 운전자본이라고 한다. 만약 유동부채 중에 단기차입금 혹은 차입금처럼 의무적으로 만기가 되면 갚아야 할 돈이 많다면 낮은 유동비율이더라도 문제가 될 것이다.

그러나 단기차입금이 많더라도 이를 상환할 수 있는 현금흐름이 충분히 높고, 수익성이 좋다면 이는 크게 문제될 것이 없다. 대부분의 단기차입금은 운영자금의 목적으로 사용하기 때문에 만기가 도래해도 다시 이를 차환할 수 있다. 신용상태가 좋은 직장인이 마이너스 통장을 만들고 매년 이를 갱신하는 것과 같다고 볼 수 있다. 그러나 극단적으로 유동비율이 낮고 유동부채에서의 차입금 비중이 많이 높다면 그 기업의 재무안정성에 대해서는 우려를 표시할 수 있다.

이마트는 건실한 유통기업이다. 그러나 2017년 말 기준으로 현금은 2,232억원이 있으나 1년 안에 갚아야 할 차입금은 1조 4,274억원이 있다. 유동자산과 부채만 본다면 현금에 비해서 과도하게 많은 단기차입금이 있다. 매입채무 1조 6,009억원은 매출채권과 재고자산을

이마트 유동자산, 유동부채

(단위 : 억원)

	2013년	2014년	2015년	2016년	2017년
현금등	700	604	2,944	657	2,232
매출채권등	2,755	2,481	2,944	3,820	4,594
재고자산	7,444	8,044	8,861	9,795	10,114
기타	1,712	1,915	106	3,136	2,012
총유동자산	12,611	13,044	14,643	17,408	18,952
매입채무등	11,801	12,194	14,268	14,752	16,009
단기차입금	14,517	13,865	14,587	13,895	14,274
기타단기금융부채	1,838	1,731	2,744	3,609	3,339
기타	6,236	5,932	7,746	7,757	8,518
총유동부채	34,392	33,722	39,345	40,013	42,140

출처 : 이마트 감사보고서.

합한 금액인 1조 4,708억원과 유사해서 운전자본은 양호한 흐름을 보이고 있다. 그러나 외부의 경제적인 충격이 올 경우 상당한 유동성 위험에 처할 수 있는 가능성은 분명히 존재한다.

부채비율

부채비율은 부채를 자기자본으로 나눈 값이다. 전체 자금조달 중에 부채로 조달한 자금과 자기자본으로 조달한 자금비율을 계산한다.

여기서 부채는 유동부채와 고정부채를 합한 것을 의미한다. 부채비율이 1보다 높다는 것은 재무안정성이 낮다는 것을 의미하고, 반대로 부채비율이 1보다 낮다는 것은 재무안정성이 높다는 것을 의미한다. 그러나 부채비율이 낮다고 더 좋고 높다고 더 나쁘다고 할 수 없다. 부채비율이 높다는 것은 상대적으로 저렴한 타인자본 비용을 많이 사용해 사업을 한다는 의미이다. 이는 자본의 효율성을 높일 수 있다. 반대로 부채비율이 낮다는 것은 상대적으로 비싼 자기자본을 많이 사용해서 사업을 한다는 의미이기 때문에 상대적으로 자본의 효율성이 낮아진다. 그러므로 상황에 따라 높은 부채비율을 유지하거나 혹은 낮은 부채비율을 유지할 수 있다.

$$부채비율 = \frac{부채}{자기자본} \times 100$$

유통 3사 부채비율

	2013년	2014년	2015년	2016년	2017년
이마트	94.9%	95.9%	100.2%	89.9%	83.2%
홈플러스	151.8%	144.3%	146.1%	80.9%	66.0%
롯데쇼핑	130.3%	128.4%	138.1%	142.8%	109.3%

출처 : 각 사 감사보고서.

이마트, 홈플러스, 롯데쇼핑의 부채비율은 2013년 이후 꾸준히 감소하여 2017년에는 롯데쇼핑만 제외하고 부채비율이 100% 이하이다. 부채비율이 100%라는 것은 기업의 자금조달을 타인자본인 차입금 혹은 사채와 자기자본의 비율이 1 : 1로 동일하다는 것을 의미한다. 부채비율만으로 보았을 경우 유통 3사의 안정성은 문제가 없어 보인다. 특히 홈플러스의 안정성이 가장 좋아 보인다. 그러나 단순히 부채비율만으로 기업의 안정성이 좋다 안 좋다라고 단정짓기는 어렵다.

부채비율은 자기자본 대비 얼마나 많은 부채가 있느냐를 보여준다. 기업의 상태가 안정적인지 아닌지는 앞서 살펴본 유동비율과 부채비율도 보아야겠지만 뒤에서 다룰 수익성 지표도 같이 알아야 한다. 예를 들어 두 가정이 있다고 하자. A라는 가정은 매달 이자비용으로 500만원을 지출하고 B라는 가정은 매달 이자비용으로 50만원을 지출한다. 이자비용의 금액만 본다면 A가정의 재무위험도가 높다고 볼 수 있다. 그러나 만약 A가정은 강남에 건물이 있어서 매월 고정적으로 1억원의 현금이 들어오고, B가정은 가장이 중소기업에 근무하면서 매달 200만원의 급여 소득을 받고 있다면 어느 가정이 재무적으로 더 안정적인 가정이라고 할 수 있는가?

재무적 안정성을 평가할 때는 안정성 지표도 봐야 하지만 이에 못지않게 수익성 지표도 같이 보면서 판단해야 올바른 판단을 할 수 있다.

차입금의존도

차입금의존도는 차입금을 총자산으로 나눈 값이다. 이 수치가 낮을수록 안정적인 자금운용을 하는 것을 의미하고, 이 수치가 높을수록 공격적인 자금운용을 하는 것으로 이해할 수 있다. 차입금은 단기차입금, 장기차입금, 사채 등 외부로부터 차입한 모든 것을 의미한다.

$$차입금의존도 = \frac{차입금}{총자산} \times 100$$

부채는 크게 차입금과 운전부채로 구분된다. 운전부채는 일상적인 영업활동에서 자연스럽게 발생하는 부채이다. 차입금은 운전자본이 일시적으로 부족할 경우, 장기적인 투자가 필요할 경우 사용하게 된다. 그러므로 전체 부채 중에 일상적인 영업활동과 관련 없는 차입금의 비중을 아는 것도 중요하다. 전체 부채 중에 차입금의 비중이 높다는 것은 언젠가는 만기가 다가올 부채가 많다는 것을 의미한다. 반면 전체 부채 중에 운전부채의 비중이 높다는 것은 운영자금이 많이 소요된다는 것을 의미한다. 그렇지만 기업을 영위하는 한 운전부채는 매 기간별 갱신되기 때문에 크게 걱정할 부분은 아니다.

유통 3사 차입금의존도

	2013년	2014년	2015년	2016년	2017년
이마트	28.1%	29.0%	30.2%	27.2%	24.6%
홈플러스	31.6%	15.6%	29.8%	16.2%	14.5%
롯데쇼핑	34.8%	33.9%	36.6%	36.4%	29.8%

출처 : 각 사 감사보고서.

이마트, 홈플러스, 롯데쇼핑은 2013년부터 차입금의존도가 감소하여 2017년에는 이마트가 24.6%, 홈플러스가 14.5%, 롯데쇼핑이 29.8%의 차입금의존도를 보였다. 대체적으로 차입금의존도가 낮은 편이다.

유통 3사의 유동비율, 부채비율, 차입금의존도를 보고 안정성을 평가한다면 대체적으로 3사의 재무안정성이 좋다고 할 수 있다. 업종 특성상 내수 기반의 영업을 영위하기 때문에 안정적인 매출, 수익성, 현금흐름이 발생해서 재무안정성이 좋은 것으로 판단된다. 다만 이러한 유통기업들이 해외진출을 한다면 많은 자금이 수반되기 때문에 재무안정성을 훼손시킬 수가 있다. 그러므로 이러한 유통기업들의 투자 내역을 보면서 국내에서의 확장인지 국외에서의 확장인지를 고려해야 한다.

국내에서의 사업 확장은 기존의 유통 네트워크, 고객 기반, 브랜드 인지도가 있기 때문에 상대적으로 쉬울 수 있지만, 해외로의 확장은 신규로 진입할 경우 브랜드 인지도, 물류 네트워크 등을 구축하는 데 시간이 오래 소요되기 때문에 자원의 투입 대비 수익이 좋지 않을 가능성이 높다. 더구나 정치적으로 불안정한 국가로의 진출은 자산의 몰수 등 각종 정치적 위험이 존재하기 때문에 본국의 재무안정성이 매우 중요하다.

SECTION 2
수익성 지표

기업이 존재하기 위해서는 안정성만으로는 부족하다. 기업은 투하된 자산을 바탕으로 영업활동을 영위하고 그 결과로 이익을 창출해야 한다. 수익성은 기업이 투하자산을 이용하여 얼마나 많은 수익을 창출했는지 보는 지표이다. 수익성이 높다면 그 기업의 미래는 밝을 것이고 수익성이 낮다면 그 기업의 미래는 어두울 것이다. 그러므로 수익성을 통해서 우리가 분석하려는 기업의 미래 전망을 할 수 있다.

총자산순이익률

총자산순이익률Return on Asset ; ROA은 투하된 총자산으로 얼마나 많은 당기순이익을 창출하였는지 보는 지표이다. 총자산순이익률을 통해서 기업의 총자산이 얼마나 효과적으로 이용되었는지 볼 수 있다. 총자산순이익률이 높다면 이는 기업에서 투자한 총자산의 수익성이 높다는 의미이고, 총자산순이익률이 낮다면 기업에서 투자한 총자산의 수익성이 낮다는 의미이다.

$$총자산순이익률 = \frac{당기순이익}{총자산} \times 100$$

총자산을 계산할 경우 한 개 연도의 총자산을 사용할 수도 있으나 당기순이익이 기간의 개념이기 때문에 이에 대응하여 기간 개념의 자산을 사용하여 연평균 총자산을 이용할 수 있다.

연평균 총자산은 $\frac{(기초총자산 + 기말총자산)}{2}$을 통해 계산할 수 있다. 어떤 방법을 사용하더라도 일관된 방법을 사용하면 분석결과는 큰 차이가 없다.

유통 3사의 총자산순이익률

	2013년	2014년	2015년	2016년	2017년
이마트	3.6%	2.1%	3.1%	2.5%	3.9%
홈플러스	7.1%	−5.3%	−5.9%	4.5%	3.6%
롯데쇼핑	2.3%	1.5%	−0.8%	0.6%	−0.1%

출처 : 각 사 감사보고서.

이마트는 2013년부터 2017년까지 꾸준히 2~3%의 총자산순이익률을 보이고 있다. 반면에 홈플러스와 롯데쇼핑은 적자가 날 때도 있어서 총자산순이익률의 변동성이 크다. 특히 롯데쇼핑은 총자산순이익률이 2%대로 낮으면서 2015년과 2017년도에 마이너스 총자산순이익률을 기록하고 있다. 총자산순이익률의 추세로만 볼 경우 이마트가 3사 중 이익의 안정성이 제일 높고 수익성도 가장 안정적이면서 높다고 할 수 있다.

자기자본순이익률

자기자본순이익률Return on Equity ; ROE은 투하된 총자본으로 얼마나 많은 당기순이익을 창출하였는지 보는 지표이다. 자기자본순이익률을 통해서 기업의 총자본이 얼마나 효과적으로 이용되었는지 볼 수 있다. 기업의 자본은 주주가 투자한 투자금이다. 그러므로 자기자본순이익률은 주주에게 돌아갈 몫을 평가하는 지표이다. 자기자본순이익률이 높다면 주주의 가치가 높아지고 반대로 자기자본순이익률이 낮다면 주주의 가치는 하락하게 된다.

$$\text{자기자본순이익률} = \frac{\text{당기순이익}}{\text{총자본}} \times 100$$

총자본을 계산할 경우 한 개 연도의 총자본을 사용할 수도 있으나 당기순이익이 기간의 개념이기 때문에 이에 대응하여 기간 개념의 자본을 사용하여 연평균 총자본을 사용할 수 있다. 연평균 총자본은 $\frac{기초총자본 + 기말총자본}{2}$을 통해서 계산할 수 있다. 어떤 방법을 사용하더라도 일관된 방법을 사용하면 분석결과는 큰 차이가 없다.

유통 3사의 자기자본순이익률

	2013년	2014년	2015년	2016년	2017년
이마트	7.1%	4.1%	6.3%	4.7%	7.2%
홈플러스	17.9%	-13.0%	-14.5%	8.5%	5.8%
롯데쇼핑	5.2%	3.5%	-2.0%	1.4%	-0.2%

출처 : 각 사 감사보고서.

이마트는 2013년부터 2017년까지 꾸준히 4~7%의 자기자본순이익률을 기록하고 있다. 반면에 홈플러스는 2014년과 2015년에 마이너스 자기자본순이익률을 기록했고, 롯데쇼핑은 2015년과 2017년에 마이너스 자기자본순이익률을 기록했다. 이마트는 꾸준히 주주의 부를 증가시켰지만, 나머지 2개의 기업은 연도별로 영업실적이 상이해 주주의 부를 꾸준히 증가시켰다고 볼 수 없다.

영업이익률

손익계산서는 다양한 이익을 보여준다. 이러한 이익들 중에 가장 중요하게 보는 이익은 영업이익이다. 영업이익은 기업 본연의 활동에서 나온 이익이다. 즉, 영업이익의 규모가 정해지면 특별한 이유 없이는 정해진 규모만큼의 이익이 발생한다. 기업 간 비교를 할 때는 영업이익의 절대금액보다는 영업이익을 매출액으로 나눈 영업이익률을 비교해야 한다.

$$영업이익률 = \frac{영업이익}{매출액} \times 100$$

유통 3사의 영업이익률

	2013년	2014년	2015년	2016년	2017년
이마트	5.6%	4.4%	3.7%	3.9%	3.6%
홈플러스	3.4%	2.8%	-2.2%	4.7%	3.6%
롯데쇼핑	5.3%	4.2%	2.9%	3.2%	2.9%

출처 : 각 사 감사보고서.

이마트는 2013년부터 2017년까지 약 3~5% 수준의 영업이익률을 보여왔다. 홈플러스는 2015년 마이너스 영업이익률을 보여주었으며 그 외의 기간은 2~4% 수준의 영업이익률을 보여주었다. 롯데쇼핑은 2~5%의 꾸준한 영업이익률을 보여주었다. 2013년부터 2017년까지 영업이익률의 흐름을 보면 2016년을 제외하고 이마트가 가장 높은 영업이익률을 보여주었다. 게다가 경쟁사와 비교할 경우 영업이익률의 변동폭도 낮아서 이익의 안정성이 높다.

EBITDA율

기업의 본원적인 수익창출 능력을 보려면 영업이익을 봐야 하지만 최근에는 회계이익 못지않게 현금흐름이 중요하게 생각되고 있다. 매출액 대비 현금창출 능력의 지표로 EBITDA율Earning Before Interest Depreciation & Amortization margin을 보고 있다. EBITDA는 영업이익에 무형자산상각비와 감가상각비를 더한 것을 의미한다. 이렇게 계산하여 나온 EBITDA를 매출액으로 나눈 것이 EBITDA율이다. EBITDA율은 투자회사들이 투자대상의 수익성을 볼 때 많이 보는 지표 중 하나이다.

$$EBITDA율 = \frac{EBITDA}{매출액} \times 100$$

유통 3사의 EBITDA율

	2013년	2014년	2015년	2016년	2017년
이마트	8.7%	7.6%	6.9%	7.0%	6.6%
홈플러스	8.1%	7.9%	2.5%	7.8%	6.2%
롯데쇼핑	7.8%	7.0%	5.8%	5.4%	5.8%

출처 : 각 사 감사보고서.

2013년 이마트는 8.7%로 가장 높은 EBITDA율을 기록하였으며, 매년 감소하다가 2017년에는 6.6%의 EBITDA율을 기록하였다. 홈플러스는 2015년을 제외하고 대체로 이마트와 유사한 EBITDA율을 기록하였다. 롯데쇼핑은 전반적으로 이마트와 홈플러스 대비 다소 낮은 EBITDA율을 보여주었다.

SECTION 3
성장성 지표

　기업이 재무적으로 안정적이고 높은 수익률을 창출한다고 할지라도 주주에게 더 높은 가치를 제공하기 위해서는 기업이 성장해야 한다. 기업들이 어떤 산업에서 영업을 하든 상관없이 대부분의 산업은 시간의 흐름에 따라 그 규모가 커진다. 소득은 점점 증가하고 그 증가된 소득은 더 많은 소비로 연결된다. 그러므로 기술적 요인 혹은 인구적 요인 같은 특이한 경우를 제외하고 산업은 지속적으로 성장한다. 기업이 산업의 성장속도보다 느리게 성장하면 그 기업은 도태될 것이고, 산업의 성장속도보다 빠르게 성장하면 그 기업은 발전할 것이다. 유통업은 대표적인 내수산업이다. 국내 인구가 많은 수준은 아니나 점진적으로 증가해 왔고 극심한 불황이 아닌 한 소득은 평균적으로 매년 증가해 왔다. 이러한 상황에서 유통업도 같이 성장하였다. 유통 3사의 성장성 지표를 보면서 어떤 기업이 상대적으로 더 많이 성장했는지 확인해 보자.

매출액 증가율

　기업의 규모는 매출로 측정하는 것이 일반적이다. 매출이 증가하면 기업의 외형이 증가한 것이고, 매출이 감소하면 기업의 외형이 감소했다고 본다. 그러므로 기업의 성장성을 평가하기 위해서는 해당 기업의 매출액이 얼마나 증가했는지 봐야 한다.

$$\text{매출액 증가율} = \frac{\text{당기매출액} - \text{전기매출액}}{\text{전기매출액}} \times 100$$

유통기업들이 M&A나 적극적인 해외 투자를 하지 않는 이상 이들의 매출액 증가율은 대체로 우리나라 경제성장률 수준으로 증가한다.

유통 3사 매출액 증가율

	2014년	2015년	2016년	2017년
이마트	0.9%	3.7%	7.1%	8.6%
홈플러스	-3.7%	-4.3%	-2.1%	0.9%
롯데쇼핑	-0.4%	3.7%	-17.2%	-24.6%

출처 : 각 사 감사보고서.

2014년부터 2017년까지 이마트를 제외하고 나머지 2개사는 매출액이 감소하는 것을 경험하였다. 특히 2014년에 이마트는 0.9%의 매출액 성장만을 했고, 나머지 2개사는 모두 마이너스 성장을 하였다. 매출액 성장률의 추이를 보면 이마트는 견고하게 성장했으며, 롯데쇼핑은 오히려 매출액 성장률이 하락하였다.

총자산 증가율

기업의 성장성을 보기 위해서는 매출액과 같이 기업의 총자산 증가율을 봐야 한다. 매출액이 증가하면 보통 총자산이 증가한다. 매출액은 감소하는데 자산이 증가하는 경우는 차입금에 의존하는 경영일 가능성이 높다. 매출이 감소하는 상황은 대체적으로 경기상황이 좋지 않은 경우이다. 이 경우 자산이 증가한다면 차입금 혹은 자기자금의 증가가 수반되었다고 봐야 한다. 자금조달상 자기자본의 조달은 복잡한 절차를 거치지만 차입금으로 자금을 조달하는 것은 상대적으로 손쉽기 때문에 차입금에 의한 자산의 증가가 있을 수 있다. 매출이 감소하면서 자산이 감소하는 경우는 사업이 점차로 경쟁력을 잃는 과정이라고 볼 수 있다. 그러므로 기업의 성장성을 보기 위해서는 매출액 증가율과 총자산 증가율을 같이 봐야 하고, 그 원인을 찾아내야 한다.

$$\text{총자산 증가율} = \frac{\text{당기 총자산액} - \text{전기 총자산액}}{\text{전기 총자산액}} \times 100$$

이마트는 매년 매출액이 증가하면서 총자산도 같이 증가하였다. 가장 바람직한 모습을 보이면서 기업이 성장하였다. 반면에 홈플러스

유통 3사 총자산 증가율

	2014년	2015년	2016년	2017년
이마트	5.9%	4.8%	6.5%	4.1%
홈플러스	−14.1%	−12.0%	45.0%	−9.2%
롯데쇼핑	2.8%	1.5%	3.0%	−33.3%

출처 : 각 사 감사보고서.

는 2014년과 2015년에 자산이 감소하였다. 같은 기간 매출액도 감소하여 기업의 경쟁력이 낮아졌음을 알 수 있다. 롯데쇼핑은 2015년에서 2016년까지 자산이 증가하였으나 2017년에 큰 폭으로 자산이 감소하였다. 이는 중국 사업의 부진으로 인하여 자산이 감소한 것으로 추정된다. 유통 3사 중에 주주가치를 가장 높이면서 성장한 기업은 이마트라고 볼 수 있다.

SECTION 4
활동성 지표

지금까지 안정성, 수익성, 성장성에 대한 지표를 살펴보았다. 이 지표보다는 상대적으로 덜 중요하지만 운영의 효율에 대해서 알 수 있는 활동성 지표를 살펴보겠다. 활동성 지표는 기업의 자산들이 얼마나 효율적으로 이용되었는지 보는 지표이다. 갑자기 이러한 지표에 변화가 생기면 왜 그 변화가 생겼는지 그 원인을 파악해야 한다. 대체로 건전한 기업은 활동성 지표가 좋은 방향으로 변화하든가 혹은 일정해야 한다. 갑자기 활동성 지표에 대한 변화가 생겼다면 우리가 분석하려는 기업과 그 주변의 환경에 변화가 생겼다는 신호이다.

매출채권 회전율

매출채권 회전율은 매출액을 매출채권으로 나눈 값이다. 이 값이 높다면 1년에 매출채권이 빠르게 현금화되는 것을 의미하고, 이 값이 낮다면 매출채권이 느리게 현금화되는 것을 의미한다. 매출채권 회전율은 갑자기 높아지거나 갑자기 낮아질 수 없다. 왜냐하면 대부분의 기업들은 대금지급에 대해서 일정한 정책을 갖고 있고 그 정책은 판매자와 공급자 간에 상호 합의한 정책이기 때문이다. 갑자기 매출채권 회전율이 낮아진다는 것은 우리가 분석하려는 기업 입장에서는 매출채권이 현금으로 바뀌는 시간이 길어져서 자금 부담이 생기는 것이다. 이는 고객들이 제품을 구입하고 제품에 대한 대금지급을 미룬다는 의미이기 때문에 왜 대금지급을 미루는지 그 이유를 확인해야 한다. 만약 고객의 신용이나 재무상태에 문제가 생겨서 대금지급이 연기되는 것이라면 빨리 매출채권을 회수해야 한다.

$$\text{매출채권 회전율} = \frac{\text{매출액}}{\text{매출채권}}$$

매출액이 기간의 개념이기 때문에 이에 대응하는 기간 개념의 매출채권을 사용하기 위해서 $\frac{(\text{기초매출채권} + \text{기말매출채권})}{2}$의 금액을 매출채권 대신 사용해도 된다.

유통 3사 매출채권 회전율

	2013년	2014년	2015년	2016년	2017년
이마트	47.3	53.0	46.3	38.3	34.6
홈플러스	99.8	67.8	67.4	40.9	30.4
롯데쇼핑	30.1	30.8	31.7	23.4	20.9

출처 : 각 사 감사보고서.

이마트는 매출채권 회전기일이 34회에서 53회 사이이다. 매출채권 회전기일이 34회라는 것은 매출채권이 1년에 34번 현금으로 전환되었음을 의미한다. 그러므로 매출이 발생하고 약 10.7일마다 현금으로 전환되었다고 볼 수 있다. 홈플러스의 2013년 매출채권 회전율은 약 100회이다. 이는 매출채권이 1년에 100번 현금으로 전환되었음을 의미하며, 이는 약 3.6일마다 매출채권이 현금으로 전환되었음을 의미한다. 홈플러스는 지속적으로 매출채권 회전기일이 길어지고 있고 롯데쇼핑 역시 매출채권 회전기일이 길어지고 있다. 모든 유통기업들의 매출채권 회전기일이 길어지는 것으로 보아 이는 어떤 특정 기업의 문제라고 보기 어렵다. 소비자와의 대금지불 조건이 점진적으로 변화된 것으로 판단할 수 있다.

재고자산 회전율

기업들은 고객에게 즉각 대응하기 위해서 일정 규모 이상의 재고자산을 구비한다. 재고자산을 구입하고 이 재고들이 팔려 다시 현금으로 돌아올 때까지 기업은 자금에 대한 부담을 갖게 된다. 그러므로 재고자산의 회전기일이 빠를수록 기업들은 자금부담이 덜어지게 된다. 재고자산 회전율이 높다는 것은 재고자산이 자주 판매된다는 것을 의미한다. 그러므로 활동성이 높은 기업들은 경쟁사보다 높은 재고자산 회전율을 갖고 있다.

$$재고자산 회전율 = \frac{매출액}{재고자산}$$

매출액은 기간의 개념이기 때문에 이에 대응하는 기간 동안 재고자산을 사용하기 위해서는 $\frac{(기초재고자산 + 기말재고자산)}{2}$의 금액을 위의 재고자산 대신 사용해도 된다.

유통 3사 재고자산 회전율

	2013년	2014년	2015년	2016년	2017년
이마트	17.5	16.4	15.4	14.9	15.7
홈플러스	20.8	20.5	30.1	29.7	25.5
롯데쇼핑	9.1	8.9	8.9	7.3	13.4

출처 : 각 사 감사보고서.

이마트의 재고자산 회전율은 큰 변동폭이 없다. 홈플러스는 가장 높은 재고자산 회전율을 보이지만 그 편차가 상대적으로 타 기업보다 크다고 볼 수 있다. 롯데쇼핑은 가장 낮은 재고자산 회전율을 보이고 있다. 홈플러스의 절반에도 미치지 못하는 재고자산 회전율로 인해 롯데쇼핑은 막대한 재고 유지비용이 발생하는 것으로 추정할 수 있다.

2017년 이마트의 재고자산 회전율 15.7은 재고자산이 매출로 인해 23일 만에 한 번씩 변한다는 것을 의미한다. 유통업의 속성상 빠른 재고회전율은 기업이 재고부담을 적게 가져가면서 자금부담을 최소화할 수 있게 한다.

매입채무 회전율

매입채무는 기업이 주요 영업활동을 위해서 외상으로 매입하는 물품의 금액이다. 유통기업들이 공급업체로부터 물품을 구입하고 이를 아직 현금으로 지불하지 않은 금액이라고 볼 수 있다. 사업을 하는 데 있어서 내가 받을 돈은 최대한 빨리 받고 줄 돈은 최대한 늦게 주는 것이 좋다고 한다. 그러므로 매출채권 회전율은 아주 높은 것이 좋고, 매입채무 회전율은 아주 낮은 것이 좋다. 그러나 이러한 정책을 사용하기 위해서는 해당 기업이 높은 협상력을 갖고 있어야 한다.

$$\text{매입채무 회전율} = \frac{\text{매출원가}}{\text{매입채무}}$$

매출원가가 기간의 개념이기 때문에 이에 대응하는 기간 동안 매입채무를 사용하기 위해서는 $\dfrac{(기초매입채무 + 기말매입채무)}{2}$의 금액을 위의 매입채무 대신 사용해도 된다. 매출채권은 매출액에 대응하는 개념이고 매입채무는 매출원가에 대응하는 개념이기 때문에 매출액 대신 매출원가를 사용하였다.

유통 3사 매입채무 회전율

	2013년	2014년	2015년	2016년	2017년
이마트	8.0	7.8	6.9	7.1	7.1
홈플러스	5.3	6.1	8.2	3.7	4.2
롯데쇼핑	3.7	3.4	3.7	2.8	3.0

출처 : 각 사 감사보고서.

유통 3사의 매입채무 회전율을 매출채권 회전율과 비교하면 현저하게 낮다. 이는 유통 3사가 자신들의 공급업체에 비해서 월등히 높은 협상력을 보유했다는 것을 의미한다. 극단적으로 2017년 롯데쇼핑의 매입채무 회전율은 3배수이다. 이는 1년에 매입채무를 3번만 결제했다고 봐도 된다. 그러므로 롯데쇼핑에 물품을 공급하는 기업 입장에서는 많은 운전자금 부담을 가져가야 한다. 유통 3사 중에 일관된 매입채무 회전율을 보이는 곳은 이마트이며, 홈플러스와 롯데쇼핑은 점점더 자사에 유리한 대금결제조건을 갖고 있다고 볼 수 있다. 아무리 유통업체들이 물품공급업체에 비해서 협상력이 좋다고 할지라도 극단적으로 한쪽이 손해를 많이 보게 되면 공급업체들이 흑자도산하거나 납품하는 기업을 변경할 수도 있음을 알아야 한다.

SECTION 5
유통업의 Top Pick 선정하기

　지금까지 안정성, 수익성, 성장성, 활동성 지표를 이용해 유통 3사에 대해서 분석하였다. 이 분석을 토대로 보면 안정성, 수익성, 성장성에서는 이마트가 홈플러스와 롯데쇼핑을 앞서고 있다. 안정성 지표인 유동비율, 부채비율, 차입금의존도를 비교했을 경우 기업별로 다소 차이가 있으나 그 차이가 눈에 띄는 정도의 차이라고 보기는 어렵다. 수익성 지표에서 총자산순이익률, 자기자본순이익률, 영업이익률, EBITDA 마진을 보면 이마트가 타 기업에 비해서 눈에 띄게 높다. 성장성 지표에서도 이마트가 매출액 증가율과 총자산 증가율에서 타 기업을 앞서고 있다. 다만 활동성 지표에서는 롯데쇼핑과 홈플러스가 이마트에 다소 앞선다고 할 수 있다. 이러한 것들을 종합적으로 보면 수익성과 성장성은 이마트가 높고, 활동성과 안정성은 이마트와 타 업체 간에 큰 격차를 확인할 수 없다. 그러므로 유통 3사 중에 이마트의 경영성과가 가장 좋다고 볼 수 있다.

　경영성과를 보여주는 대표적인 지표는 해당 기업의 주가이다. 홈플러스는 비상장기업이기 때문에 주가를 알 수 없으나 롯데쇼핑과 이마트는 상장기업이기 때문에 주가를 확인할 수 있다.

이마트와 롯데쇼핑 주가

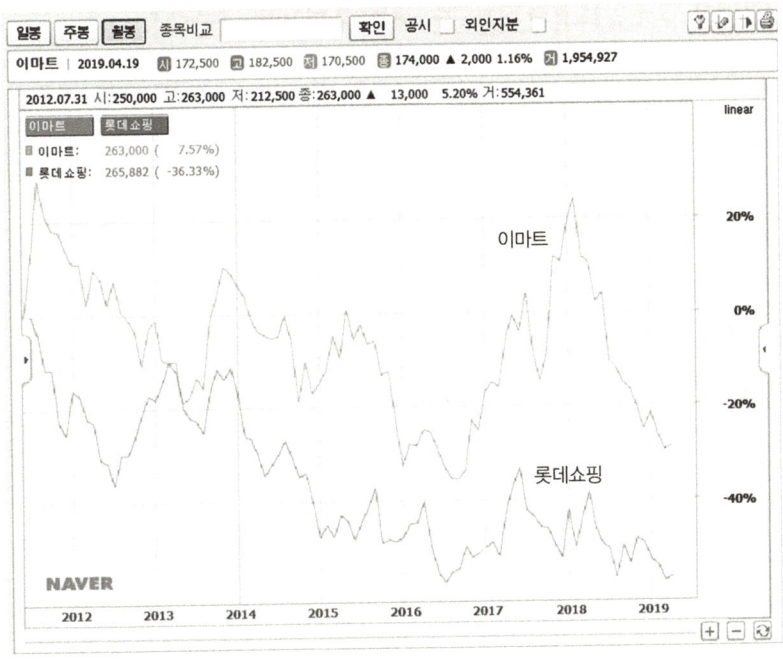

출처 : 네이버.

    2012년부터 2018년 12월까지 이마트와 롯데쇼핑의 주가를 보면 그 흐름이 유사한 양상을 보인다. 그러나 주가수익률을 보면 이마트가 롯데쇼핑보다 2013년의 특정 기간을 제외하고는 모든 기간에서 더 높은 주가수익률을 보이고 있다. 그러므로 이마트의 주주들이 롯데쇼핑의 주주들보다 주식가치 면에서 더 높은 가치상승을 얻었다고 볼 수 있다. 앞으로도 특별한 일이 없는 한 이마트는 과거처럼 성장성과 수익성을 달성할 가능성이 높다고 볼 수 있다.

SECTION 6
예제 : CJ대한통운 재무비율 분석

재무비율 분석을 통해 우리는 기업을 이해할 수 있다. 재무비율 분석을 할 때는 재무비율이 갑자기 변하게 되는 변곡점을 찾아 내고 그 변화의 원인을 밝혀야 한다. 그리고 그러한 원인이 한 번만 발생하는 일회성 사건인지 혹은 지속적으로 발생 가능한 사건인지에 대해서도 판단을 해야 한다. 과거 1회성으로 발생한 사건이라면 왜곡이 일어나지 않게 이 부분을 제외하고 재무분석을 하는 것도 방법이다. 지속적으로 일어날 수 있는 사건이라면 이 사건도 포함하여 재무분석을 해야 한다.

CJ대한통운 개요

1930년에 세워진 조선미곡창고 주식회사가 기업의 시작이다. 1945년 8.15 광복과 더불어 한국미곡창고(주)가 되어 미군정과 대한민국 정부가 지배하는 공기업이 되었다. 1968년 동아그룹에 불하되면서 민영화가 되었고, 1977년부터 사우디아라비아 항만 운송사업 등 중동지역에서 운송업을 하였으며, 1983년 리비아 대수로 공사에 참여하였다. 그러나 1998년 외환위기를 겪으며 리비아 공사를 주도한 동아건설이 파산하면서 리비아 공사에 대하여 지급보증을 한 대한통운까지 위기를 맞아 법정관리에 이르게 되었다.

2008년 M&A시장에 매물로 나왔으며, 금호그룹이 높은 경영권 프리미엄을 지불하고 인수하였다. 그러나 글로벌 금융위기가 국내경제에 영향을 주면서 금호그룹은 유동성 위기에 빠지게 되었고, 대한통운은 다시 시장에 매물로 나오게 되었다. 2011년 결국 CJ그룹이 인수를 하게 되어 현재의 CJ대한통운이 되었다. 대한통운은 주로 택배를 포함한 육상물류업을 영위하고 있다. 게다가 항만을 보유하고 있어 하역 등 항만 관련 비즈니스도 활발하게 영위한다. 현재는 물류분야에서 국내 1위의 회사이며, 주요 경쟁사로는 한진이 있다.

CJ대한통운 주요 재무비율

(단위 : 억원)

	2012년	2013년	2014년	2015년	2016년	2017년
매출액	26,275	37,950	45,601	50,558	60,819	71,104
증가율	1.5%	44.4%	20.2%	10.9%	20.3%	16.9%
영업이익	1,430	642	1,671	1,866	2,284	2,356
%	5.4%	1.7%	3.7%	3.7%	3.8%	3.3%
ROE	3.6%	−2.5%	2.5%	1.9%	2.0%	1.4%
ROA	2.3%	−1.2%	1.3%	1.0%	1.0%	0.6%
부채비율	57.6%	105.0%	99.2%	89.8%	101.6%	126.7%

출처 : CJ대한통운 사업보고서.

매출액은 2012년에 전년도 대비 1.5%가 증가하였으며, 2013년에 44.4%로 크게 성장하였다. 그 이후에도 꾸준히 고성장을 하였다. 특이한 점은 2012년 매출액 성장률이 비이상적으로 낮은 것과 2013년 이후로 매출액 성장률이 급격히 증가한 점이다. 2011년 CJ가 대한통운을 인수한 이후에 인수합병을 통해 외형을 확대하였으나 CJ와의 시너지를 통해서 CJ대한통운이 외형성장을 했을 것으로 추정된다.

2015년에는 한국복합물류를 합병하면서 외형성장을 이룩하였고, 2016년에는 국내시장의 쿠팡, 위메프, 티몬 같은 온라인 쇼핑몰의 성장과 적극적인 해외 투자의 결실로 지속적으로 높은 외형성장이 가능하였다. CJ가 대한통운을 인수한 이후로 단기적인 외형성장은 기존 CJ와의 시너지로 이루었으며 그 이후의 성장은 적극적인 해외 투자와 인수합병을 통해 이룩하고 있다. 게다가 2020년 매출 27조원의 글로벌 TOP 5로 성장한다는 계획 하에 적극적인 해외 투자와 해외 M&A를 통해 지속적으로 성장하고 있다.

이익 측면에서는 2012년 영업이익률 5.4% 수준이었으나 2013년 연결대상 기업이 증가하면서 일시적으로 1.7%로 하락했다. 2014년부터 2017년까지 영업이익률은 약 3%대로 일정 수준을 유지하고 있다.

부채비율은 2012년 57.6%에서 점진적으로 증가하여 2017년 126.7%까지 증가하였다. 외형 확장을 위한 투자와 M&A를 하기 위한 자금으로 차입금을 자기자본보다 더 많이 사용했다고 볼 수 있다. 그러나 부채비율이 인수 초기에 너무 낮았기 때문에 차입금 위주의 투자라고 할지라도 2017년의 부채비율은 적정하다고 볼 수 있다.

같은 기간 동안 경쟁기업인 한진과 비교를 통해서 CJ대한통운의 성과를 상대적으로 살펴보겠다.

한진의 주요 재무비율

(단위 : 억원)

	2012년	2013년	2014년	2015년	2016년	2017년
매출액	14,373	14,996	15,328	16,417	17,648	18,126
증가율	3.4%	4.3%	2.2%	7.1%	7.5%	2.7%
영업이익	375	402	526	411	-153	216
%	2.6%	2.7%	3.4%	2.5%	-0.9%	1.2%
ROE	-0.1%	-8.1%	10.9%	-7.2%	5.5%	-5.4%
ROA	0.0%	-3.1%	4.4%	-2.1%	1.7%	-1.9%
부채비율	142.2%	156.7%	148.9%	240.9%	229.4%	182.3%

출처 : 한진 사업보고서.

한진의 매출액 성장률은 2012년부터 2017년까지 2~7% 정도 증가하였다. 물류산업의 연평균 성장률이 약 3~4%임을 감안한다면 한진의 매출액 성장률이 낮다기보다 CJ대한통운의 매출액 성장률이 높다고 볼 수 있다.

이익 측면에서도 영업이익률은 약 2~3% 수준을 보여왔으며, 최근에는 영업이익률이 1%대로 낮아졌다. 한진과 달리 CJ대한통운은 항만을 보유하고 있는데, 항만에서 창출되는 이익이 계약물류나 택배시장의 서비스이익률보다 높기 때문에 CJ대한통운이 한진보다 다소 높은 영업이익률을 보인다. 한진은 차입금이 많아서 영업이익은 흑자를 나타내지만 당기순이익 부분은 금융비용으로 인해서 변동폭이 다소 크다.

ROE, ROA, 부채비율도 한진이 CJ대한통운보다 좋다고 보기는 어렵다. 성장성, 안정성, 수익성 측면에서 CJ대한통운이 경쟁기업인 한진보다 좋다고 볼 수 있다. 이는 CJ대한통운이 한진보다 자신들의 주주에게 더 많은 가치를 제공했다고 볼 수 있다. 주주에게 더 많은 가치를 제공했는지의 여부는 결국 기업의 주가로 나타난다. 두 기업의 절대 주가로 판단을 할 수 없고 상대적인 주가를 통해서 어떤 기업이 주주에게 더 많은 가치를 제공했는지 판단할 수 있다. 한진의 주가수익률이 마이너스일 때 CJ대한통운은 높은 수익률을 기록하며 주주가치를 극대화하였다. 우리는 재무비율 분석을 통해서 어떤 기업이 주

CJ대한통운과 한진 주가

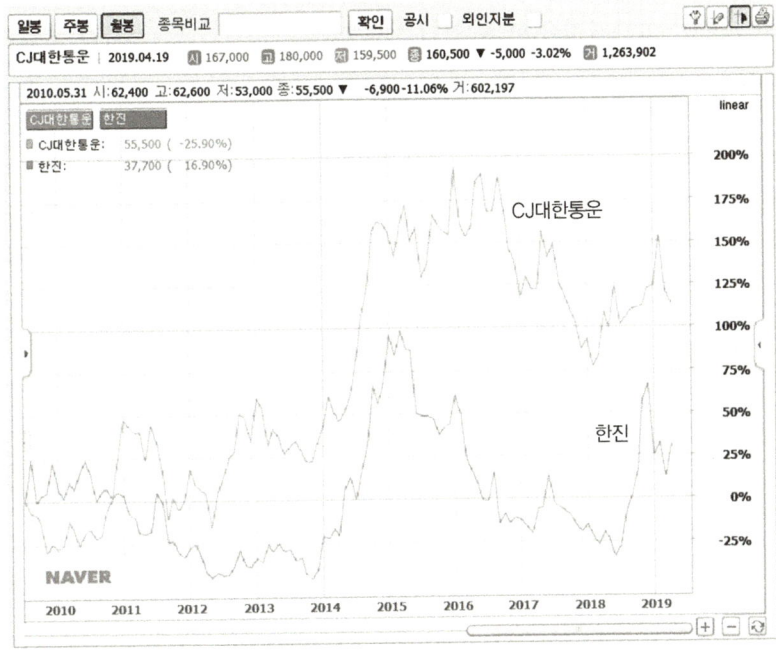

출처 : 네이버.

주에게 더 높은 가치를 제공할지 알 수 있다. 우리가 지금까지 배운 회계는 단순한 자료 제공을 넘어 기업에 대한 내용을 알 수 있는 정보를 제공한다. 우리가 회계자료를 만들 필요는 없다. 우리는 이미 만들어진 회계자료를 바탕으로 의미 있는 정보를 도출해서 우리의 상황에 맞게 사용하면 된다.

회계정보는 주가와도 연결되어 있고, 회계정보를 제대로 분석하면 기업의 미래 수익에 대해서 통찰력을 얻을 수 있고 이를 바탕으로 상황에 맞는 의사결정을 할 수 있다.

chapter 4 요약

- 주요 안정성 지표로는 유동비율, 부채비율, 차입금의존도가 있으며, 이러한 정보는 주요 재무제표의 내용들을 조합하여 계산한다.
- 주요 수익성 지표로는 총자산순이익률, 자기자본순이익률, 영업이익률, EBITDA율이 있으며, 이러한 정보는 주요 재무제표의 내용들을 조합하여 계산한다.
- 주요 성장성 지표로는 매출액 증가율, 총자산 증가율이 있으며, 이러한 정보는 주요 재무제표의 내용들을 조합하여 계산한다.
- 주요 활동성 지표로는 매출채권 회전율, 재고자산 회전율, 매입채무 회전율이 있으며, 이러한 정보는 주요 재무제표의 내용들을 조합하여 계산한다.
- 재무분석을 활용하여 유통업 내의 기업에 대해서 어떤 기업의 미래 성과가 뛰어날 수 있는지 그 이유를 규명한다. 미래 성과가 뛰어난 기업은 대체로 안정성, 수익성, 성장성, 활동성이 우수한 기업이며, 특히 활동성과 수익성 부분에서 경쟁사 대비 우수하다고 볼 수 있다.

Chapter 5
회계정보를 활용한 의사결정

회계를 학습하는 최종적인 목적은 의사결정에 활용하기 위해서이다. 기업에서 회계정보는 기업 간의 비교를 위해서 활용될 뿐만 아니라 기업 내의 다양한 경영의사 결정을 하기 위해서 활용된다. 관리회계를 통해서 경영자는 제품 가격을 얼마로 결정할지 혹은 추가적인 생산을 할지 여부를 결정한다. 회계정보는 경영자가 고민하는 많은 문제를 풀기 위한 기초자료로 이용되며, 나아가 경영자가 직면한 문제에 대해서 해답을 줄 수도 있다.

[학습목표]

1. CVP(원가, 조업도, 이익)의 개념을 이해하고 이를 실무에 응용할 수 있다.
2. 변동원가를 분석하는 방법과 고정원가를 분석하는 방법을 이해할 수 있다.
3. 공헌이익을 활용하여 공장을 가동할지 혹은 가동하지 않을지에 대한 의사결정을 할 수 있다.
4. 공헌이익을 활용하여 손익분기점 분석을 하여 손익분기점 판매가격 혹은 손익분기점 매출액을 계산할 수 있다.
5. PER, PBR의 개념을 이해하고 이를 투자의사 결정에 활용할 수 있다.

손익계산서, 재무상태표, 현금흐름표, 재무비율 같은 회계정보들은 단순히 정보를 제공하는 것이 목적이 아니다. 회계정보는 정보이용자가 의사결정을 하는 데 도움을 주는 것이 목적이다. 다시 말하면 회계정보를 이용해서 우리가 필요한 의사결정을 할 수 있다는 것이다. 회계정보는 기업 내부의 의사결정과 기업 외부의 의사결정에 주로 사용된다. 기업 내부의 의사결정과 관련된 회계는 관리회계라는 이름으로 경영진의 의사결정에 도움을 준다. 기업 외부의 의사결정과 관련된 회계는 재무회계라는 이름으로 투자자의 의사결정에 도움을 준다. 여기서는 기업의 내부자로서 회계정보를 이용하여 어떤 의사결정을 할 수 있는지 살펴보겠다. 추가로 기업의 외부 투자자로서 회계정보를 어떻게 유용하게 의사결정 자료로 사용할 수 있는지 살펴보겠다.

SECTION 1
의사결정 회계

회계정보 이용자는 내부 이용자와 외부 이용자로 구분된다. 내부 이용자는 기업의 구성원들을 의미한다. 특히 경영진은 회계정보를 이용하여 다양한 의사결정을 한다. 경영진이 경영의사 결정을 하기 위해 활용하는 회계는 외부 정보이용자의 회계와는 다르다. 외부 정보이용자는 K-IFRS 기준에 맞는 회계정보를 이용하여 의사결정을 한다. 그러나 내부 정보이용자는 해당 기업의 상황에 맞게 회계정보를 가공하여 의사결정에 이용한다. 이러한 회계를 관리회계라고 한다. 여기서는 기업에서 가장 많이 의사결정에 활용되는 관리회계를 배우고 이를 예제를 통해서 적용해 보겠다.

CVP 분석

CVP 분석 Cost-Volume-Profit Analysis 은 원가, 조업도, 이익 분석이다. 판매량의 변화가 기업의 원가구조와 관련하여 이익에 미치는 영향을 분석하는 기법이다. CVP 분석을 하기 전에 손익계산서의 원가 개념을 알아야 한다.

고정비와 변동비의 이해

재무회계와 관리회계 손익계산서

재무회계 손익	관리회계 손익
매출액	매출액
(−)매출원가	(−)변동비
매출총이익	공헌이익
(−)판매관리비	(−)고정비
영업이익	영업이익

　재무회계에서 원가는 매출원가와 판매관리비가 있다. 총 매출액에서 이 두 원가를 차감하면 영업이익을 계산할 수 있다. 관리회계에서 원가는 변동비와 고정비로 분류된다. 변동비는 다시 변동 매출원가와 변동 판매관리비로 나누어진다. 고정비는 다시 고정 매출원가와 고정 판매관리비로 나누어진다. 매출액에서 변동비와 고정비를 차감하면 영업이익을 얻을 수 있다.

　이를 좀 더 잘 이해하기 위해서는 변동비와 고정비의 개념을 먼저 이해해야 한다. 변동비는 제품의 생산량 혹은 판매량이 증가할수록 총 원가가 같이 증가하는 원가이다.

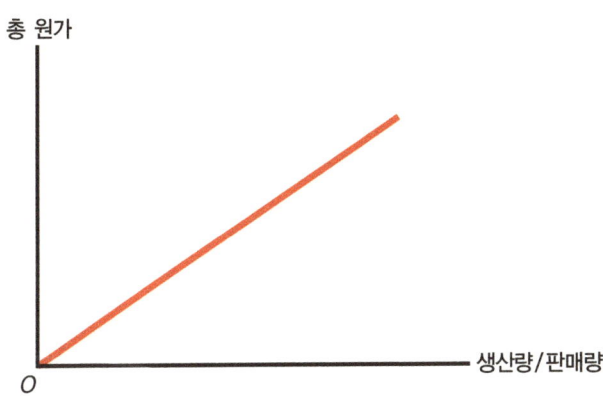

대표적으로 원재료비가 이에 해당한다. 사이다를 제조하는 기업이 있다고 가정하자. 그 기업이 사이다를 1병 더 제조할 때마다 추가적으로 그 사이다를 담을 용기인 유리병도 같은 비율로 증가한다. 뿐만 아니라 사이다 제조에 사용되는 물과 각종 첨가제들도 같이 증가한다. 극단적으로 사이다의 생산량이 무한대의 값이 된다면 사이다를 제조하기 위해 투입된 병, 물, 각종 첨가제들의 원가도 무한대의 값이 된다. 제품 제조가 증가하면 같이 비용도 증가하기 때문에 이는 변동제조원가라고 한다.

유사하게 어떤 제품을 판매할 때마다 같은 비율로 증가하는 비용 역시 변동비라고 한다. 예를 들어 자동차를 1대 판매할 때마다 판매사원에게 20만원의 판매수당을 지급한다고 가정하자. 자동차가 10대

팔리면 판매수당은 200만원이 지급되고 100대가 팔리면 판매수당은 2000만원이 지급된다. 판매수당 역시 앞서 살펴본 재료비와 유사한 형태로 움직인다. 판매수당도 변동비라고 할 수 있다. 다만 판매수당은 판매관리비에 해당하기 때문에 이러한 변동비를 변동 판매관리비라고 한다.

고정비는 변동비와 달리 생산 혹은 판매가 증가해도 추가로 더 이상 증가하지 않는 비용을 의미한다.

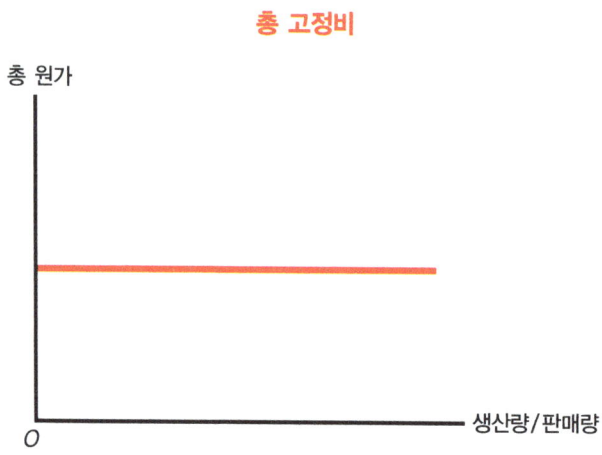

고정비는 위의 그래프처럼 생산량 혹은 판매량이 증가해도 총 원가의 변화가 없는 비용을 의미한다. 예를 들어 1년에 자동차를 100,000대 제조할 수 있는 공장이 있다고 가정하자. 이 공장의 연간

감가상각비가 10억원이라고 가정하자. 이 공장에서 1년에 자동차를 1대도 안 만들어도 감가상각비 10억원은 발생하고, 10대를 제조해도 감가상각비 10억원은 발생한다. 이처럼 주어진 생산한도 내에서 생산량의 변화와 관계 없이 변하지 않는 비용을 고정비라고 한다. 감가상각비 같은 고정비는 제조에 사용되기 때문에 고정제조비라고 한다.

이와 유사하게 판매활동이 증가해도 관련된 비용이 증가하지 않는 경우가 있다. 판매사무실에서 전표를 담당하는 직원이 있다고 가정하자. 이 직원의 급여는 차량이 많이 팔리든 적게 팔리든 변동하지 않는다. 극단적으로 차량이 1대도 팔리지 않더라도 이 직원에게 급여를 지급해야 하고, 반대로 차량이 100만 대가 팔려도 이 직원에게 추가 급여를 지급할 필요가 없다. 판매와 관련해서 판매량과 관계없이 발생하는 비용을 고정판매관리비라고 한다.

지금까지는 변동비와 고정비를 총 원가 측면에서 살펴보았다. 이제는 시각을 달리해서 각 비용을 총 원가가 아닌 1단위당 원가 측면에

$$1단위당\ 원가 = \frac{총\ 원가}{판매량(생산량)}$$

서 살펴보자. 1단위당 원가는 전체 원가를 팔린 수량으로 나누면 된다.

변동비의 경우 1단위당 원가는 동일하다. 예를 들어 생산된 사이다를 보관하기 위해서 이를 담을 병이 필요하다. 사이다 용기 1병의 원가는 100원이다. 사이다를 10병 생산하면 총 원가는 1,000원이 소요된다. 이 경우 사이다 용기 1병의 원가는 100원이다. 구매할인 등 특별한 요인이 없는 한 사이다 용기 1병의 원가는 100원이다. 그러므로 1단위당 변동원가는 생산량에 따라 변동하지 않는다.

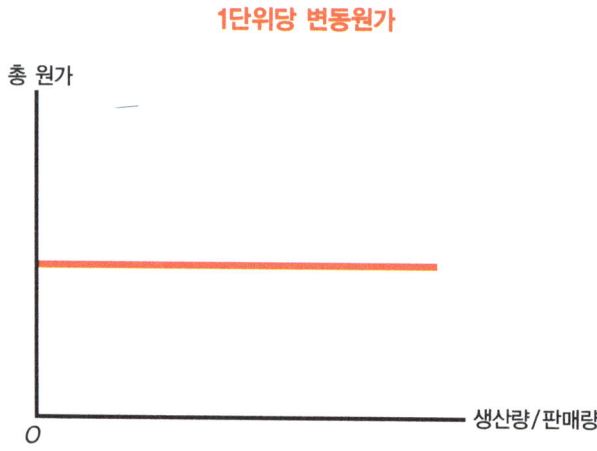

반면에 고정비는 변동비와 다르게 움직인다. 앞서 예시로 든 자동차 공장에서 한 대의 차량도 생산하지 않으면 연간 10억원의 감가상각비가 발생한다. 10대의 차량을 생산해도 10억원의 감가상각비가 발생하고 100,000대의 차량을 제조해도 10억원의 감가상각비가 발생한다. 10대의 차량을 생산할 경우 자동차 1대당 감가상각비는 1억원이다. 100,000대의 차량을 생산할 경우 자동차 1대당 감가상각비는 10,000원이다. 즉, 생산량이 증가할수록 1단위당 고정비는 감소한다. 고정비와 변동비는 총 원가 기준으로 보았을 경우와 1단위당 원가 기준으로 보았을 경우 생산량 혹은 판매량에 따라 원가의 변동이 다르다.

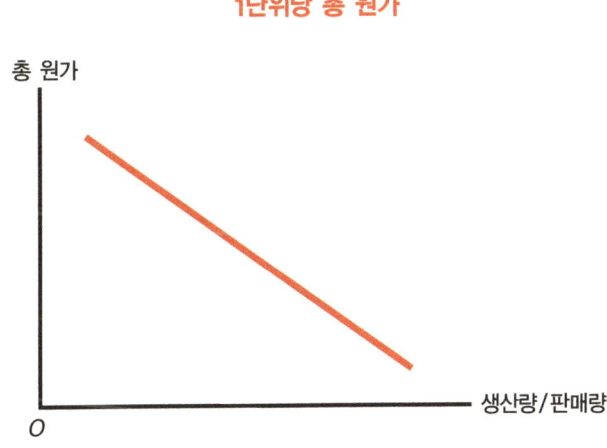

1단위당 총 원가

공헌이익

재무회계에서 가장 중요한 이익은 영업이익이다. 관리회계에서 가장 중요한 이익은 공헌이익이다. 공헌이익은 다음의 식으로 계산할 수 있다.

> 공헌이익 = 매출액 − 변동 제조원가 − 변동 판매관리비

　공헌이익은 모든 변동비를 차감하고 실제적으로 이익에 공헌하기 때문에 공헌이익이라는 이름을 갖고 있다. 공헌이익은 한계이익이라는 용어로도 사용된다. 두 용어가 정확히 동일한 의미를 갖고 실무에서 혼용되어 사용된다.

　공헌이익을 통해서 우리는 의사결정을 할 수 있다. 외부 환경에 관계없이 이익 기준으로만 의사결정을 한다면 공헌이익이 0인 경우 경영자는 제품을 판매하거나 판매하지 않아도 무차별하다. 공헌이익이 +인 경우 경영자는 적극적으로 제품을 판매해야 한다. 공헌이익이 −인 경우 경영자는 제품을 적극적으로 판매하지 않아야 한다. 공헌이익의 크기에 따른 의사결정을 다음 예제를 통해서 알아보자.

공헌이익에 따른 경영자 의사결정

공헌이익	의사결정
0	제품 판매 혹은 판매하지 않는 것은 무차별함
+	제품을 적극적으로 판매해야 함
−	제품을 적극적으로 판매하지 않아야 함

[예제]

한국사이다는 사이다 1종류만 판매한다. 사이다의 판매가격은 1개당 1,000원이다. 사이다를 제조하기 위해서 필요한 원재료로는 용기, 물, 첨가물이 있다. 1병당 이러한 재료비로 700원이 소요된다. 사이다 1병이 팔릴 때마다 대리점에 100원의 수수료를 지급해야 한다. 사이다 공장을 운영하기 위해서 인건비, 감가상각비 등 총 고정비는 1년에 1,000,000원이 소요된다.

[문제 1]

텔레비전 뉴스에서 사이다의 탄산이 아이들 치아에 해롭다는 보도가 나왔다. 보도가 나온 이후로 사이다의 수요가 급감했다. 뉴스 보도 이후 한국사이다는 사이다를 한 병도 팔지 못하고 있다. 이때 유통업자인 김 씨가 한국사이다에게 1병당 800원에 팔라고 제안을 했다. 이 경우 당신이 한국사이다의 사장이라면 이 제안을 받아들일 것인가? 받아들인다면 왜 받아들이고 받아들이지 않는다면 왜 받아들이지 않겠는가?

답) 사이다 1병의 판매가격은 800원이고, 사이다를 제조하고 판매하기 위한 변동비는 총 800원(변동 제조비 700원 + 변동 판매관리비 100원)이 소요된다. 사이다 1병당 원가가 800원이 발생한다. 고정비 1,000,000원은 사이다를 판매하든 판매하지 않든 발생하는 비용이다. 사이다 1병의 판매가격이 변동원가 800원과 동일하기 때문에 한국사이다 입장에서는 0원의 공헌이익이 발생한다. 즉, 사이다를 팔아도 변동원가에 팔기 때문에 이득이 없다.

1병당 판매가격 800원일 경우 한국사이다 손익계산서

(단위 : 원)

	1병	10병	100병	1,000병
매출액	800	8000	80,000	800,000
(−)변동원가	800	8000	80,000	800,000
공헌이익	0	0	0	0
(−)고정비	1,000,000	1,000,000	1,000,000	1,000,000
영업이익	−1,000,000	−1,000,000	−1,000,000	−1,000,000

사이다의 판매가격이 800원이면 판매가격과 1병당 변동비가 동일하여 공헌이익은 동일하다. 동일한 고정비 1,000,000원이 발생하여 영업이익은 1,000,000원이 적자이다. 이 경우 한국사이다 사장은 사이다를 1병에 800원에 판매하나 혹은 판매하지 않으나 동일한 손실을 경험한다. 그러므로 판매가격이 변동원가와 동일할 경우 판매의사 결정은 판매하는 경우와 그렇지 않은 경우가 무차별하다.

[문제 2]

텔레비전 뉴스에서 사이다의 탄산이 아이들 치아에 해롭다는 보도가 나왔다. 보도가 나온 이후로 사이다의 수요가 급감했다. 뉴스 보도 이후 한국사이다는 사이다를 한 병도 팔지 못하고 있다. 이때 유통업자인 김 씨가 한국사이다에게 1병당 900원에 팔라고 제안을 했다. 이 경우 당신이 한국사이다의 사장이라면 이 제안을 받아들일 것인가? 받아들인다면 왜 받아들이고 받아들이지 않는다면 왜 받아들이지 않겠는가?

답) 사이다 1병의 판매가격은 900원이고 사이다를 제조하고 판매하기 위한 변동비는 총 800원(변동 제조비 700원 + 변동 판매관리비 100원)이 소요된다. 사이다 1병당 원가가 800원이 발생한다. 고정비 1,000,000원은 사이다를 판매하든 판매하지 않든 발생하는 비용이다. 사이다 1병의 판매가격이 변동원가 800원보다 높기 때문에 한국사이다는 100원의 공헌이익이 발생한다. 그러므로 한국사이다는 사이다를 팔아야 한다.

1병당 판매가격 900원일 경우 한국사이다 손익계산서

(단위 : 원)

	1병	10병	100병	1,000병
매출액	900	9,000	90,000	900,000
(−)변동원가	800	8,000	80,000	800,000
공헌이익	100	1,000	10,000	100,000
(−)고정비	1,000,000	1,000,000	1,000,000	1,000,000
영업이익	−999,900	−999,000	−990,000	−900,000

사이다의 판매가격이 900원이면 판매가격이 1병당 변동비보다 높다. 발생된 공헌이익은 고정비용을 줄여준다. 그러므로 사이다의 판매량이 증가할수록 공헌이익이 증가하고 증가된 공헌이익은 고정비의 부담을 줄여주어 결국에는 영업이익 적자 규모를 축소시킨다.

[문제 3]

텔레비전 뉴스에서 사이다의 탄산이 아이들 치아에 해롭다는 보도가 나왔다. 보도가 나온 이후로 사이다의 수요가 급감했다. 뉴스 보도 이후 한국사이다는 사이다를 한 병도 팔지 못하고 있다. 이때 유통업자인 김 씨가 한국사이다에게 1병당 700원에 팔라고 제안을 했다. 이 경우 당신이 한국사이다의 사장이라면 이 제안을 받아들일 것인가? 받아들인다면 왜 받아들이고 받아들이지 않는다면 왜 받아들이지 않겠는가?

답) 사이다 1병의 판매가격은 700원이고 사이다를 제조하고 판매하기 위한 변동비는 총 800원(변동 제조비 700원 + 변동 판매관리비 100원)이 소요된다. 사이다 1병당 변동원가가 사이다 1병당 판매가격보다 비싸다. 그러므로 사이다 1병을 팔 때마다 공헌이익은 −100원이 발생한다. 그러므로 한국사이다는 사이다를 팔지 말아야 한다.

1병당 판매가격 700원일 경우 한국사이다 손익계산서

(단위 : 원)

	1병	10병	100병	1,000병
매출액	700	7,000	70,000	700,000
(−)변동원가	800	8,000	80,000	800,000
공헌이익	−100	−1,000	−10,000	−100,000
(−)고정비	1,000,000	1,000,000	1,000,000	1,000,000
영업이익	−1,000,100	−1,001,000	−1,010,000	−1,100,000

사이다의 판매가격이 700원이면 1병당 변동비가 판매가격보다 높다. 공

헌이익이 적자로 돌아서고 기존의 고정비 부담으로 인해서 영업이익의 적자폭은 더욱 커진다.

손익분기점 분석

손익분기점Break-Even Point ; BEP은 총 수익과 총 원가가 같아지는 점이다. 공헌이익의 공식을 활용하면 손쉽게 손익분기점 분석을 할 수 있다. 우리가 손익분기점 분석을 통해서 알고자 하는 것은 손익분기점의 판매량과 매출액이다.

손익분기점 판매량

매출액 = 총 원가

판매가격 × 판매수량 = 총 변동비 + 총 고정비

= 1개당 변동비 × 총 판매량 + 총 고정비

P : 판매가격, Q : 판매수량, v : 1개당 변동비, F : 총 고정비

$P \times Q = vQ + F$

$(P - v)Q = F$

$Q = \dfrac{F}{P - v} = \dfrac{고정비}{판매가격 - 1단위당 변동비}$

$= \dfrac{고정비}{1단위당 공헌이익}$

[문제 4]

1개당 1,000원에 판매하는 초콜릿이 있다. 이 초콜릿을 생산하고 판매를 하기 위한 변동비는 초콜릿 1개당 600원이 발생한다. 이 초콜릿 공장에서의 1달간 고정비는 20,000원이 발생한다. 이 초콜릿 1개의 손익분기점 판매량은 얼마인가?

답) 이 문제를 푸는 방법은 위의 식을 이용하여 푸는 방법과 공헌이익 기준의 손익계산서를 이용하여 푸는 방법이 있다. 먼저 위의 공식으로 푼다면 1단위당 공헌이익을 계산해야 한다. 초콜릿 1단위당 공헌이익은 400원이다(판매가격 1,000원 - 1단위당 변동원가 600원). 총 고정비는 20,000원이다. 그러므로 손익분기점 판매량은 500개($\frac{20,000원}{400원}$)이다. 손익분기점은 매출액과 원가가 동일한 판매량이다.

매출액 = 총 원가 = 변동원가 + 고정원가

$1,000Q = 600Q + 20,000$

$400Q = 20,000$

$Q = 500개$

공식이 기억나지 않더라도 공헌이익을 이해하고 손익분기점을 이해하면 손쉽게 손익분기점 판매수량을 계산할 수 있다.

손익분기점 매출액

손익분기점 매출액도 손익분기점 판매량과 같은 방법으로 수식을 유도할 수 있다.

매출액 = 총 변동원가 + 총 고정원가

판매가격 × 판매수량 = 1단위당 변동원가 × 판매수량 + 총 고정원가

P : 판매가격, Q : 판매수량, v : 1개당 변동비, F : 총 고정비

$P \times Q = vQ + F$

$1 = \dfrac{vQ}{PQ} + \dfrac{F}{PQ}$

$1 - \dfrac{v}{P} = \dfrac{F}{PQ}$

$PQ = \dfrac{F}{(1 - v/P)}$, $\dfrac{v}{P}$: 변동비율, 1 − 변동비율 = 공헌이익률

매출액 = $\dfrac{고정비}{1 - 공헌이익률}$

[문제 5]

1개당 1,000원에 판매하는 초콜릿이 있다. 이 초콜릿을 생산하고 판매하기 위한 변동비는 초콜릿 1개당 600원이 발생한다. 이 초콜릿 공장에서의 1달간 고정비는 20,000원이 발생한다. 이 초콜릿 월 손익분기점 매출액은 얼마인가?

답) 위의 수식을 이용하여 손익분기점 매출액을 계산하면

$$\frac{20,000}{1-0.4} = \frac{20,000}{0.6}$$

이것을 계산하면 월간 손익분기점 매출액은 약 33,333원이다.

엑셀을 활용한 분석

공헌이익의 개념으로 손익분기점 분석을 할 때 실무에서는 수작업으로 계산할 수 없을 만큼 복잡한 문제에 직면한다. 손익분기점 분석을 엑셀을 통해서 해보겠다.

한국사이다는 사이다를 1병당 1,200원에 판매한다. 2019년에는 약 1,000개가 판매될 것으로 예상되고, 2020년에는 1,500개, 2021년에는 2,000개가 판매될 것으로 예상되고 있다. 사이다 제조를 위해서 재료비, 인건비, 판매관리비 수수료가 발생하며, 이들의 총합은 1병당 750원이다. 고정비는 매년 감가상각비 600,000원과 재산세 50,000원을 더하여 총 650,000원이다.

이러한 영업상황에서 한국사이다의 2019년 영업손실은 200,000원, 2020년 영업이익은 25,000원, 2021년 영업이익은 250,000원이 예상된다.

한국사이다 관리손익계산서

(단위 : 원)

		2019년	2020년	2021년
매출액	판매량	1,000	1,500	2,000
	판매가격/대	1,200	1,200	1,200
	총매출액	1,200,000	1,800,000	2,400,000
변동 제조원가	재료비/대	500	500	500
	인건비/대	200	200	200
변동 판매관리비	수수료/대	50	50	50
총 변동비		750,000	1,125,000	1,500,000
공헌이익		450,000	675,000	900,000
고정비	감가상각비	600,000	600,000	600,000
	세금	50,000	50,000	50,000
총 고정비		650,000	650,000	650,000
영업이익		−200,000	25,000	250,000

[엑셀 예제 1]

2019년 한국사이다의 영업이익이 0이 되기 위한 사이다의 손익분기점 판매가격을 계산하시오.

답) 다음 화면은 한국사이다의 2019년부터 2021년까지 관리손익이다. 2019년 영업이익이 0이 되는 판매가격을 계산하기 위해서는 엑셀의 목표값 찾기라는 기능을 이용해야 한다. 변경하려는 셀을 한 번 클릭한 상태에서 메뉴의 데이터를 클릭하고 데이터의 가상 분석을 클릭한 후 목표값 찾기를 [엑셀의 목표값 찾기] 화면과 같이 클릭한다.

	A	B	C	D	E	F
1		한국사이다 손익				
2						
3				2019	2020	2021
4		매출액	판매량	1,000	1,500	2,000
5			판매가격/대	1,200	1,200	1,200
6			총매출액	1,200,000	1,800,000	2,400,000
7		변동제조원가	재료비/대	500	500	500
8			인건비/대	200	200	200
9		변동판매관리비	수수료/대	50	50	50
10		총 변동비		750,000	1,125,000	1,500,000
11		공헌이익		450,000	675,000	900,000
12		고정비	감가상각비	600,000	600,000	600,000
13			세금	50,000	50,000	50,000
14		총 고정비		650,000	650,000	650,000
15		영업이익		-200,000	25,000	250,000

엑셀의 목표값 찾기

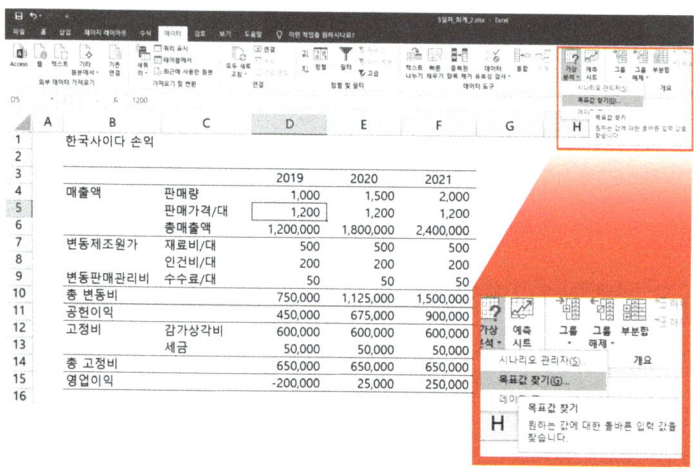

목표값 찾기를 누르면 수식셀, 찾는 값, 값을 바꿀 셀이 있는 작은 팝업창이 뜬다. 수식셀에는 2019년 영업이익 -200,000원의 셀을 클릭해 입력하고, 찾는 값은 손익분기점이기 때문에 0으로 기입하며, 값을 바꿀 셀은 2019년 판매가격 1,200원의 셀을 클릭해 입력한다. 그리고 확인을 누르면 다음과 같은 결과값을 얻을 수 있다. 설명만으로 불충분할 것으로 예상되어 본 예제를 저자의 유튜브에 업로드하여 연습할 수 있게 하겠다.

2019년 한국사이다 손익분기 판매가격

(단위 : 원)

		2019년	2020년	2021년
매출액	판매량	1,000	1,500	2,000
	판매가격/대	1,400	1,200	1,200
	총매출액	1,400,000	1,800,000	2,400,000
변동 제조원가	재료비/대	500	500	500
	인건비/대	200	200	200
변동 판매관리비	수수료/내	50	50	50
총 변동비		750,000	1,125,000	1,500,000
공헌이익		650,000	675,000	900,000
고정비	감가상각비	600,000	600,000	600,000
	세금	50,000	50,000	50,000
총 고정비		650,000	650,000	650,000
영업이익		0	25,000	250,000

2019년의 손익분기 영업이익을 얻기 위해서는 판매량이 1,000개로 고정된 상태에서는 판매가격을 1,400원으로 인상해야 한다. 엑셀의 목표값 찾기를 이용하면 손익분기점 영업이익을 만드는 판매량, 판매가격, 재료비, 인건비, 수수료, 고정비 등 각종 시뮬레이션을 할 수 있다. 더 나아가 목표이익을 달성하게 만드는 변수들의 값을 손쉽게 찾을 수 있다. 더 자세한 활용은 저자의 유튜브 채널 강의를 통해서 확인할 수 있다.

SECTION 2
주식투자자를 위한 회계정보

회사의 외부자들도 회계이익을 활용하여 의사결정을 한다. 대표적인 회사 외부자로 주주가 있다. 주주들은 공표된 회계정보를 통해서 특정 기업의 주식을 매도할지 혹은 매수할지 의사결정을 한다. 주식가격에 영향을 미치는 요인에는 기업의 회계적 이익뿐만 아니라 경제상황, 기업만의 특이한 활동 등 매우 다양한 변수들이 있다. 그러나 이러한 많은 변수들 중에 일관되면서 확실하게 주가에 영향을 미치는 변수가 기업의 회계이익이다.

기업가치평가에서 기업의 가치를 평가할 때는 회계이익 대신에 현금흐름을 통해서 평가하라고 한다. 단기적으로 회계이익과 현금흐름은 일치하지 않을 수 있다. 그러나 장기적으로 본다면 많은 회계이익을 창출하는 기업은 많은 현금흐름도 창출할 수 있기 때문에 긴 호흡에서 본다면 회계이익과 주가는 의미 있는 상관관계가 있다. 이러한 이유로 주식 애널리스트들은 자신이 담당하는 기업의 회계이익을 추정하려고 한다. 대체로 어떤 기업의 회계이익이 시장 컨센서스보다 낮게 발표되면 주가가 하락하고, 시장 컨센서스보다 높게 발표되면 주가가 상승한다.

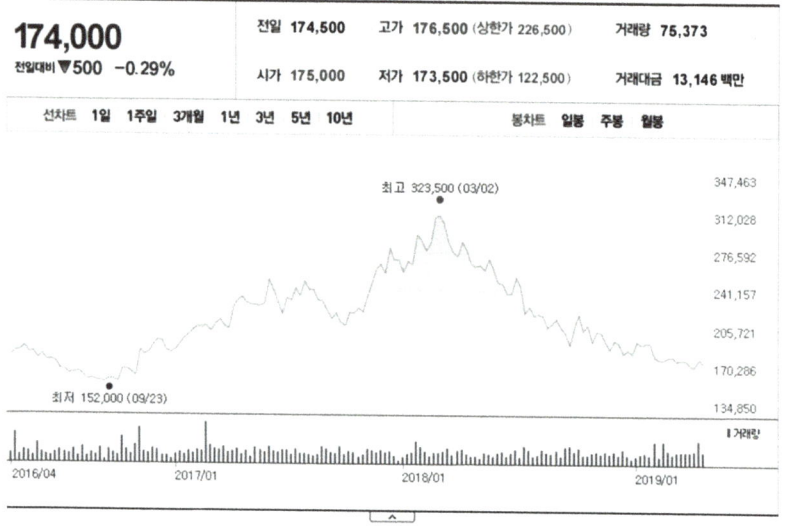

출처 : 네이버 증권.

　이마트의 과거 3년간 주가를 보면 2016년 9월에 최저가인 152,000원을 기록하였고, 2018년 3월에 최고가인 323,500원을 기록하였다. 같은 기간 1주당 순이익인 EPS는 2016년이 저점으로 13,497원이었고, 그 이후로 회복하여 2017년에는 22,101원을 기록하였으

이마트 1주당 순이익

(단위 : 원)

	2015년	2016년	2017년	2018년
EPS	16,312	13,497	22,101	17,856

출처 : 네이버 증권.

며, 2018년 예상은 17,856원으로 시장 컨센서스가 이루어져 있다.

　　EPS 기준으로 실적이 가장 좋은 때는 2017년이고 실적이 가장 안 좋은 기간은 2016년이다. 이를 반영하여 주가 역시 2016년에는 전반적으로 낮게 머물렀고 2017년에는 높은 이익으로 인해서 상승이 있었다. 2018년에는 2017년보다 낮은 이익으로 점진적으로 주가가 다시 하락하였다. 2018년에는 주가가 하락하였으나 하락한 주가의 절대 수준은 2018년의 높은 이익으로 2016년의 주가 수준보다 높게 형성되어 있다.

출처 : 네이버 증권.

컴투스는 모바일 게임을 만드는 기업이다. 컴투스는 2014년 1월 19,255원으로 지난 5년간 주가 최저점을 기록했고, 2015년 1월에는 191,582원으로 주가 최고점을 기록하였다. 2014년 주가가 급상승한 이후로 컴투스의 주가는 대략 14만원대를 중심으로 등락을 거듭하고 있다. 같은 기간 컴투스의 1주당 순이익은 다음과 같다.

컴투스 1주당 순이익

(단위 : 원)

	2014년	2015년	2016년	2017년	2018년 예상
EPS	6,981	10,540	11,796	11,066	10,472

출처 : 네이버 증권.

컴투스는 과거 5년 중 2014년의 이익이 가장 낮았으며, 2015년에 이익이 급증하였다. 그 결과 2015년의 주가 상승폭이 가장 컸다. 2016년부터 2018년까지 1주당 순이익은 대략 11,000원 내외에서 등락을 거듭했다. 그 결과 주가 흐름도 14만원을 중심으로 등락을 거듭하였다. 이처럼 기업의 이익이 증가하면 주가는 대체로 상승하고, 기업의 이익이 감소하면 주가는 대체로 하락한다. 단기적으로 이익과 주가의 흐름이 일치하지 않을 수는 있으나 장기적으로 주가와 이익의 흐름은 같은 방향으로 움직인다.

SECTION 3
회계정보를 이용한 주식투자

회계정보는 주가를 예측하는 데 상당히 유용한 지표이다. 그러므로 회계정보를 이용하여 주식의 가치를 평가하여 이를 토대로 주식투자를 할 수 있다. 주식가치 평가방법에는 미래의 현금흐름을 기반으로 하는 절대적 가치 평가방법과 주가와 이익 간의 비율을 통한 상대가치 평가법이 있다. 여기서는 누구나 직관적으로 손쉽게 이해할 수 있는 상대가치평가법을 알아보고 이를 통해 어떻게 회계정보를 이용하여 주식투자에 대한 의사결정을 할 수 있는지 살펴보겠다.

상대가치평가법에서 가장 많이 이용되는 평가방법은 PER$^{\text{Price Earning Ratio}}$이다. PER은 1주당 순이익 대비 주가가 얼마나 높게 형성되어 있나를 보는 것이다. 예를 들어 1주당 순이익이 1,000원인 기업의 주가가 1주당 15,000원에 형성되어 있으면 PER은 15배라고 할 수 있다.

$$PER = \frac{1주당\ 주가}{EPS(1주당\ 순이익)}$$

주식투자를 할 경우 이러한 상대지표를 통해 어떤 주식이 고평가되어 있고 어떤 주식이 저평가되어 있는지 쉽게 알 수 있다. 이때 주의해야 할 것은 고평가인지 저평가인지는 다른 주식과의 비교에서 이루어져야 한다는 점이다. 다른 주식과 비교해서 PER이 높다면 고평가된 주식이고, PER이 낮다면 저평가된 주식이라고 할 수 있다.

PER 다음으로 자주 사용되는 지표가 PBR$^{\text{Price Book value Ratio}}$이다. 기업들 중에는 당기순이익이 적자인 기업들도 있다. 이러한 기업들은 PER를 계산할 때 분모가 음수이기 때문에 의미 있는 PER을 계산할 수 없다. 이를 보완하기 위해서 PBR의 개념을 이용해 주식의 상대가치를 평가할 수 있다.

$$PBR = \frac{1주당\ 주가}{1주당\ 장부가치}$$

주식의 가치를 평가할 때 무조건 PER 혹은 PBR을 비교할 수는 없다. 가령 삼성전자의 PER과 이마트의 PER을 비교해서 어떤 주식이 고평가되어 있고 어떤 주식이 저평가되어 있다고 단정지어 말할 수는 없다. 이는 PBR에도 동일하게 적용된다. 왜냐하면 두 기업은 전자산업과 유통산업이라는 상이한 곳에서 영업을 하기 때문이다.

산업이 다르면 그 산업에서 취할 수 있는 이익의 규모도 다르다. 전자산업은 상대적으로 기술 집약적이고 투자 집약적이기 때문에 산업에 진입하는 장벽이 높다. 그러므로 타 산업에 비해서 높은 이익률을 창출할 수 있다. 반면에 유통업은 경쟁자가 많기 때문에 전자산업에 비해서 상대적으로 낮은 이익률을 창출한다. 그러므로 업종이 다른 두 주식을 단순 비교할 수는 없다. 상대가치평가법을 사용할 때는 두 주식의 업종과 규모가 유사한 기업 간 비교를 해야 한다.

예를 들어 게임기업들의 가치평가를 할 경우 같은 게임기업들끼리 PER(혹은 PBR)을 비교하여 가치평가를 할 수 있다. 여기서는 현대중공업과 삼성중공업, 현대건설과 대우건설의 PER 비교를 통해서 어떤 기업이 상대적으로 고평가되었고 어떤 기업이 상대적으로 저평가되었는지 알아보자.

조선산업은 2008년 금융위기 이후로 지속적인 불경기를 경험하였다. 많은 국내 조선기업들의 이익이 적자로 전환되었기 때문에 PER을 사용하여 평가하는 것은 적절하지 않다. 그러므로 PER 대신 PBR을 이용하여 주식의 가치를 평가할 수 있다.

2015년에는 대우조선해양이 현대중공업보다 PBR이 높았다. 즉,

현대중공업과 대우조선해양 PBR 비교

	2015년	2016년	2017년	2018년 예상
현대중공업	0.38	0.54	0.52	0.83
대우조선해양	1.16	2.86	0.44	0.88

출처 : 네이버 증권.

2015년에는 대우조선해양의 가치가 고평가되어 있고 현대중공업의 가치는 저평가되어 있다고 할 수 있다. 이런 상황에서는 회계 외부 정보이용자인 투자자들은 현대중공업 주식을 매입하고 대우조선해양 주식을 매도해야 한다.

2015년 현대중공업과 대우조선해양의 주가수익률은 현대중공업이 앞설 때도 있고 대우조선해양이 앞설 때도 있었다. PBR에 따라 2015년에 고평가된 대우조선 해양을 매도하고 저평가된 현대중공업을 매입하였다고 가정하자. 그 이후 현대중공업 주식은 지속적으로 상승하였으나 대우조선해양 주가는 지속적으로 하락하였다. 2016년에도 현대중공업의 PBR은 0.54였으나 대우조선해양의 PBR은 2.86이었다. 2017년에는 현대중공업의 PBR이 대우조선해양보다 근소하게 높았고, 2018년에는 대우조선해양의 PBR이 현대중공업보다 근소하게 높았다. 즉, 2017년부터 두 주식의 가치는 누가 고평가가 되었고 누가 저평가가 되었다고 단정해서 말하기 어려운 수준이 되었다.

대우조선해양과 현대중공업 주가 비교

출처 : 네이버.

가장 확연하게 두 주식의 가격 차이가 난 기간은 2015년과 2016년이었다. 그 결과 2015년부터 2016년까지 현대중공업의 주식수익률이 대우조선해양의 주식수익률보다 높았다. 그리고 그 차이가 줄어든 것은 2018년이 되면서부터였다.

다음 예제는 현대건설과 대우건설의 주식투자이다. 현대건설과 대우건설은 건설시장에서 Top 클래스의 주식으로 시장지배력이 높은 기업이다. 다음 표는 두 기업의 지난 5년간 PER 지표이다.

현대건설과 대우건설의 PER

	2015년	2016년	2017년	2018년 예상
현대건설	7.56	8.34	20.06	13.72
대우건설	21.98	−2.87	9.50	5.95

출처 : 네이버 증권.

2015년 현대건설의 PER은 7.56배이고 대우건설의 PER은 21.98배이다. PER 기준으로 보면 대우건설이 현대건설에 비해서 고평가되었다고 볼 수 있다. 이 경우 고평가된 대우건설 주식은 매도하고 저평가된 현대건설 주식을 매수해야 한다. 만약 이러한 투자의사 결정을 2015년도에 했다면 어떤 결과가 발생했을지 살펴보자.

2015년 현대건설 주식을 매입하고 대우건설 주식을 매도했다면 2015년 상반기까지는 두 주식의 수익률에 있어서 큰 차이가 나지 않았을 것이다. 2015년 하반기에 현대건설은 대우건설에 비해서 주가 하락의 폭이 더 컸다. 이에 대해서는 단순히 PER로만 설명되지 않는 무엇이 존재했던 것으로 추정할 수 있다. 2016년의 대우건설은 당기순이익이 음수이기 때문에 PER 수치도 음수가 나왔다. 그래서 두 주식을 2016년에 직접적으로 비교하기는 어렵다. 2017년에는 현대건

대우건설과 현대건설 상대주가 비교

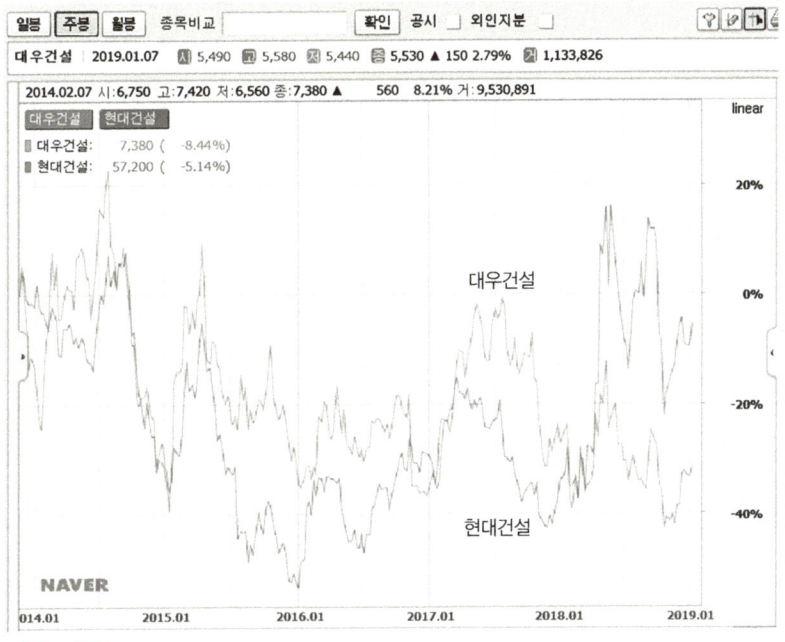

출처 : 네이버.

설이 대우건설에 비해서 2배 이상 고평가되었다. 그러므로 현대건설을 매도하고 대우건설을 매입해야 한다. 실제로 2017년에는 대우건설의 주가 상승이 현대건설보다 더 높았다. 2018년 예상 PER은 현대건설이 대우건설보다 더 높다. 그러므로 현대건설의 주가가 고평가되었다고 볼 수 있다. 2018년에는 현대건설의 주식을 팔고 대우건설의 주식을 사야 한다. 그러나 대우건설의 분식회계 문제로 인해서 주가가 회계이익을 그대로 반영하지 못했다. 그래서 2018년에 두 기업의 상대적인 저평가와 고평가를 비교하기는 어렵다.

상대가치평가법에 따르면 동일 업종 내에 있는 기업들 중에 PER이나 PBR이 업종 평균보다 높은 주식은 상대적으로 고평가된 주식이고 반대로 업종 평균보다 낮은 주식은 상대적으로 저평가된 주식이다. 이를 토대로 고평가된 주식은 매도하고 저평가된 주식은 매입하는 투자전략을 구사할 수 있다. 단, 이때 주의할 점은 저평가된 기업 내부의 문제가 발생해서 저평가가 되었는지 확인해야 한다는 것이다. 별다른 이유 없이 저평가되었다면 매수를 해야 하지만 기업 내부의 문제로 인해서 저평가되었다면 매수하는 것을 보류해도 좋다. 이 경우 앞서 배운 재무비율을 활용하여 해당 기업이 건전한 기업인지 확인하는 작업을 하는 것도 도움이 된다.

회계정보는 의사결정을 하는 경영자와 같은 기업의 내부자들뿐만 아니라 회계정보를 이용하는 기업의 외부자들에게도 유용하다. 회계를 아는 것은 회계정보를 읽고 그 숨은 의미를 아는 것을 의미하지 회계정보를 생성하는 것을 의미하지는 않는다. 본서를 공부하는 독자들은 회계정보를 생성하기보다 회계정보를 이용해서 목적에 맞는 의사결정을 할 수 있어야 한다.

chapter 5 요약

- CVP 분석의 기본 개념은 공헌이익에서 출발하고, 이를 통해서 공장의 가동 여부, 손익분기점 매출액, 판매가격을 산정한다.
- 변동비를 분석하기 위해서는 1단위당 변동비의 추세를 분석해야 한다.
- 고정비를 분석하기 위해서는 총액 기준으로 고정비의 절대 금액의 추세를 분석해야 한다.
- 공헌이익이 양수일 경우에는 공장을 가동하는 것이 기업 전체적인 손익개선 측면에서 유리하고, 공헌이익이 음수일 경우에는 공장을 가동하지 않는 것이 기업 전체적인 손익개선 측면에서 유리하다.
- 손익분기점 매출액 혹은 판매가격을 계산하기 위해서 엑셀의 목표값 찾기 방법을 이용하면 정확하게 해당하는 값을 계산할 수 있다.
- PER은 1주당 주가를 1주당 순이익으로 나눈 개념이다.
- PBR은 1주당 주가를 1주당 순장부가액으로 나눈 개념으로, 적자가 발생하는 기업 간의 가치 비교를 위해서 활용할 수 있다.